中华爱国人物故事
ZHONGHUA AIGUO RENWU GUSHI

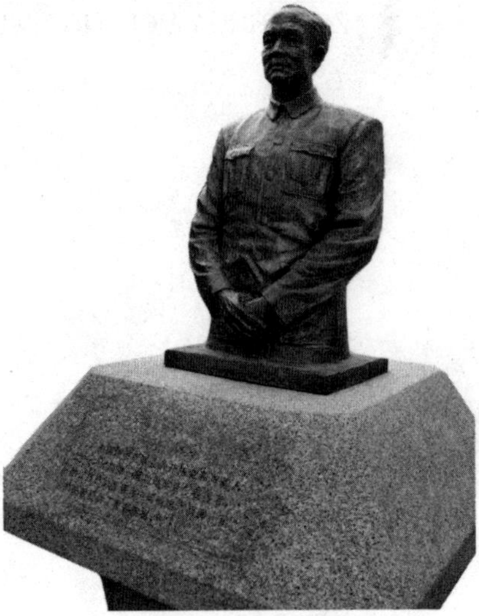

为蘑菇云升起而奋斗的钱三强

陈洪声　编著

吉林人民出版社

图书在版编目(CIP)数据

为蘑菇云升起而奋斗的钱三强 / 陈洪声编著. -- 长春：吉林人民出版社，2011.5
（中华爱国人物故事）
ISBN 978-7-206-07900-9

Ⅰ.①为… Ⅱ.①陈… Ⅲ.①钱三强(1913～1992)－生平事迹 Ⅳ.①K826.11

中国版本图书馆CIP数据核字(2011)第075662号

为蘑菇云升起而奋斗的钱三强
WEI MOGUYUN SHENGQI ER FENDOU DE QIAN SANQIANG

编　　著：陈洪声
责任编辑：王一莉　　　　　　封面设计：七　洱
吉林人民出版社出版 发行（长春市人民大街7548号 邮政编码：130022）
印　　刷：鸿鹄（唐山）印务有限公司
开　　本：670mm×950mm　　1/16
印　　张：8　　　　　　　　字　数：70千字
标准书号：ISBN 978-7-206-07900-9
版　　次：2011年5月第1版　　印　次：2023年6月第4次印刷
定　　价：35.00元

如发现印装质量问题，影响阅读，请与出版社联系调换。

总　序

胡维革

《中华爱国人物故事》是一套故事丛书。它汇集了我国历史上80位古圣先贤、民族英雄、志士仁人、革命领袖、先进模范人物的生动感人史迹，表现了作为中华民族优秀传统的伟大的爱国主义精神。

爱国主义是人们对于"生于斯、长于斯、衣食于斯"的祖国的一种神圣感情，是人们对于自己民族的一种强烈的责任感和使命感，是感召和激励整个中华民族的一面永不褪色的旗帜。在漫长的历史上，爱国主义一直激励着中华儿女为祖国的独立、统一、进步和繁荣而英勇奋斗。从伟大的思想家教育家孔子到统一全国的千古一帝秦始皇，从秉笔直书著《史记》的司马

◆ 中华爱国人物故事

迁到鞠躬尽瘁死而后已的诸葛亮，从伟大的浪漫主义诗人李白到精忠报国的民族英雄岳飞，从七下西洋传播友谊的郑和到抗击倭寇的民族英雄戚继光，从苟利国家生死以的林则徐到为变法流血的第一人谭嗣同，从威震敌胆的抗联将军杨靖宇到人民音乐家聂耳与冼星海，从踏遍青山人未老的李四光到万婴之母林巧稚，从县委书记的好榜样焦裕禄到情系雪域献身高原的孔繁森……都表现出了强烈的爱国主义精神。正是由于热爱祖国的人们前仆后继地奋斗，国家和民族才得以生存，历经一次次历史危急关头而能转危为安，走向兴盛和富强，从而屹立于世界民族之林。爱国主义是鼓舞中华儿女历经忧患、跨越沧桑、百折不挠、自强不息的伟大力量，它贯穿于中华民族的整个历史，并有力

总序

地凝聚着五洲四海的中国人。

　　爱国主义是一个历史的范畴,在社会发展的不同阶段、不同时期有着不同的具体内容。革命时期,需要我们为祖国的独立自主出生入死;建设时期,需要我们为祖国的繁荣富强增砖添瓦;在全国各族人民团结一心建设富强、民主、文明、和谐的社会主义现代化国家的今天,我们要争做一名新时期的爱国者。新时期的爱国者要有强烈的民族自尊心和自豪感。民族自尊心和自豪感是任何时期任何爱国者都必须具备的情感。民族自尊心能增强我们自立向上的恒心,民族自豪感能树立我们建设祖国的信心。要树立"祖国高于一切"的崇高信念,为了祖国和人民的利益不惜抛却个人的利益,甚至不惜牺牲个人的生命。要树立终身学习的理念,拓

◆ 中华爱国人物故事

宽自己的知识面,广泛吸收新知识新技术,完善自身的知识结构,更新学习知识的方法与理念,从思想上、知识上充分武装自己,为祖国的繁荣昌盛贡献力量。

爱国主义思想的继承和发扬,是关系到民族盛衰、国家兴亡的根本问题。一代代人爱国主义思想情操的形成,需要不断地培养。培养爱国主义的一个重要途径是向爱国主义的英雄人物和典范事迹学习。这套丛书的出版,对于人们向英雄和先进人物学习,特别是对于在中小学生中进行爱国主义教育,将可提供一些生动的教材。祝愿此书出版发行成功,为培养"四有"新人做出贡献。

于2011年4月23日

世界读书日

编委会

策　划：胡维革　吴铁光
　　　　林　巍　李达豪
主　编：胡维革　邢万生
副主编：贾淑文　吴兰萍
编　委：(按姓氏笔画为序)
　　　　于二辉　门雄甲
　　　　刘士琳　刘文辉
　　　　孙建军　李相梅
　　　　李艳萍　杨九屺
　　　　谷艳秋　陈亚南
　　　　隋　军　韩志国

目 录
CONTENTS

◎ 012　更名立志

◎ 037　投师居里夫人

◎ 043　目击地球村的核裂变

◎ 060　25个字的求爱信

目录
CONTENTS

启明星　故乡的星　069 ◎

世上只有母亲好　079 ◎

盯住世界先进水平　094 ◎

"东方巨响"　111 ◎

更名立志

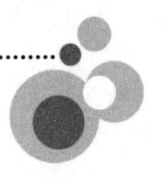

钱三强原名钱秉穹。中学时代，同学们看他身体强壮，学习成绩好，品格优秀，便送给他一个绰号"三强"。父亲钱玄同觉得这个绰号很好，便给他改名为"钱三强"。

在古越绍兴有一处宁静的小巷。

被国际友人称之为"中国原子弹之父"的钱三强，于1913年10月16日诞生在这个小巷里。

这个可爱的小生命来到人世以后，他的父亲钱玄同笑微微地扶在床前，疼爱地摸摸他宽宽的脑门，捏捏那胖乎乎的小手，欣然为他起名儿为钱秉穹。

钱秉穹是一代国学大师钱玄同的次子。

钱秉穹出生不久，钱玄同便告诉妻子徐琋贞，他将辞去杭州教育专署的工作，到北京高等师范学校(后改名为北京师范大学)附属中学做国文教师。

1914年8月,徐琯贞带了长子秉雄和刚满十个月的次子秉穹,风尘仆仆赶赴北平,与丈夫团聚。他们在琉璃厂西侧附近一座老式四合院里定居。

徐琯贞喜欢树木和花卉,小小四合院栽满了丁香、月季、海棠、蔷薇、桃花、李花。这位善良的母亲总是把屋子,庭院收拾得干干净净。她在客厅小方桌上摆了一只花瓶,从春天开始,每隔一些日子更换一束插花,先是黄黄的迎春,接着便是紫白色相间的丁香,而后,便是粉嘟嘟的桃花,蓝色的马兰花……满屋清香宜人。幼小的秉穹觉得生活是那么温馨,那么美好。冬天,母

钱三强的父亲钱玄同

亲便在花瓶里插上一枝松枝或柏枝，于是，屋子里便洋溢着松脂的清香，那香气往秉穹的小鼻孔里直钻。到了快过午时，屋子里又开出了一朵朵生机盎然的水仙花。贤良的母亲，便是用这四季鲜花陶冶着孩子们的情操，企盼着她的孩子们如鲜花那样有品格，有气节。

夏天的夜晚，他们一家人在庭院纳凉，小秉穹是一个富于想象的孩子，每当他挨着妈妈的膝头在庭院纳凉时，小脑袋仰望着星空，会生出许多天真烂漫的遐想。当一轮明月挂上树梢时，他问妈妈："妈妈，月亮上面有什么？"

"有嫦娥，还有桂花树"。

"好大好大的桂花树吗？树下边那个人就是嫦娥吗"？他好奇地问道。

"那是吴刚"。妈妈说。

"那吴刚在树下干什么"？

"在砍桂花树"。妈妈问答说。

"那桂花树会被砍倒吗"？他担心地问妈妈。

"不会的，他今晚砍去的那块，明天就长好了"。

"吴刚砍桂树做什么"？

"他用桂树皮酿制桂花酒"。

"那酒很香吧"？

"很香。等你念好书，长大就可以到月亮上去尝尝那桂花酒"。

从此，秉穹的小脑瓜中天天憧憬着长大了，到月亮上去尝尝那桂花酒。

夏季，小四合院的桃树上结满了桃子，抬眼望去，让人馋涎欲滴。一天夜间，秉穹正在练习写方块字，忽然听到院子里有动静，趴到窗边一看，原来树上有个男孩子正在摘桃子。他不禁喊了一声："妈妈，有人偷桃子！"

妈妈闻声与秉穹一起走出房门，那男孩惊慌失措，"扑通"一声摔到地上。妈妈说，不用怕，回转身又摘了几个又红又大的桃子送给他。那男孩眼含热泪给这位女主人深深地鞠了一个躬，用一张报纸兜着那几只桃子离去了。

母亲没有多讲话，却教给了秉穹一生做人的原则：要宽以待人。

一个人，如果没有美好的童年、青年，便不会演绎好他的中年、老年。钱三强正是因为有美好的童年，有良好的家庭教育，才有了他以后的豁达、平易、宽厚和率真。

1920年，当钱秉穹刚满七岁的时候，就被父亲送进了由蔡元培、李石曾、沈尹默等北京大学教授们创办的子弟学校——孔德学校读书了。

孔德学校是一所最早提倡教白话文的学校。学校除了注重德、智、体三育外,还强调美育与劳动,对音乐、图画、劳作课也很重视。学校实行十年一贯制,这在当时,可以算是一所比较开明的学校。这所学校,师资较强,阵容整齐。钱秉穹得到的教育条件,是得天独厚的。钱秉穹是一个兴趣广泛、性格好胜的学生。体育、音乐、美术……他对一切都很感兴趣。刚进入初中他就成了班上"山猫"篮球队的队员。他打组织后卫,与中锋配合

清华学堂

默契，传球、投篮，速度快，命中率高。他打起小球来，球艺也属上乘。1928年冬天，北京举办了首次全市乒乓球大赛，钱三强报名参加，获得男子组第三名。

秉穹的外公徐树兰曾在北京段祺瑞政府当过税务官。后来，因不满段祺瑞政府的腐败，毅然辞职，离京返乡。这一天，外公带了秉穹的舅公徐燕到秉穹家中辞行。燕舅公临别前赠给秉穹一张自己画的《雄鹰图》，并写了一行赠言："鹰者，有三强：一曰目光敏锐；二曰，翅膀矫健；三曰爪喙锋利。"舅公徐燕祝愿秉穹像雄鹰那样"三强"，像雄鹰那样展翅翱翔。

秉穹非常喜欢这幅《雄鹰图》，一直挂在自己的房间里。孔德学校的同班同学周某来家中做客见了这幅画，说秉穹的身体就像这雄鹰一样棒。于是，他给秉穹起了"三强"这个绰号，并很快在孔德学校传播开来。

1927年，钱三强已是初中三年级的学生了。当年，大革命从南方开始了，它为祖国的未来燃起了一团希望之火。就在北伐军节节胜利、捷报频传的日子里，进步书刊开始在孔德学校流传了。钱三强喜出望外地读到了《三民主义》《建国方略》。在《建国方略》中，中国未来的建设蓝图被勾画得那样宏伟，那样气势磅礴：修建以兰州为中心的几条铁路干线；开辟北方、东方、南方几大港口；实现电气化的构想……他充满激情，一口气读

完了革命先驱孙中山先生的杰作，思想豁然开朗，仿佛在黑暗中看到了祖国光明的未来。

"要使祖国不受屈辱，摆脱贫穷，走向富强，非建立强大的工业不可"！同学们情绪激动地各自述说着自己的理想和抱负，钱三强的志向是报考电机工程。

"爸爸，我想学工"。高中毕业后，他兴冲冲地走进父亲的书房。

儿子的突然出现，而且非常自信地提出了报考大学的志愿，使父亲感到惊奇。这位把心思倾注于反帝反封建、提倡科学民主的语言文字学家，向来倡导开明的家风，对孩子的兴趣和志愿，总是采取支持、保护的态度。

"你想报考哪个学校"？钱玄同先生望着目光炯炯有神、思想趋于成熟、身体壮壮实实的儿子，亲切地问道。

"上海交通大学"。钱三强胸有成竹地回答。

"你的志愿是什么"？

"我想当——一名工程师，为国家建设出力"。

"做工程师不错，可是，你想过没有，上海交通大学是英文教学呀"？

三强沉默了。这确实是个难题。在孔德学校一直学的都是法文，一下子要适应上海交通大学的英文教学，谈何容易！

夜里，三强躺在床上翻来覆去，终于想出了一个解

何泽慧1936年清华毕业照

为蘑菇云升起而奋斗的钱三强

决难题的办法。

次日,三强又来到父亲的书房,继续昨天的话题:"爸爸,我想出一个办法。先进北大理学院的预科班,待英文提高后,再考上海交通大学。"

"进北大预科,也要考英文,而且也是使用英文课本。想过吗"?

"想过。我想求爸爸一件事,请你出面跟北大交涉一下,准许我用法文考试。入学后,我努力跟上英文。如果跟不上,再留一级也行"。父亲见三强对工科如此着迷,再也无话可说了。

1930年，17岁的钱三强，以法文应考，被北京大学理学院录取为预科生。

从进北京大学校门的第一天起，活泼爱动的三强，完全变成另一个样子了。运动场上见不到他的影子，在家里听不到他的笑声。只要不上课，他就猫在图书馆里查字典，对笔记。回到家，三口两口吃完饭，或埋头书案，或朗朗阅读英语。眼看着，圆圆的脸消瘦了，头发蓬乱了。母亲担心这样下去会把儿子的身体累垮。

"你看见没有，这样下去，三强的身体吃得消吗"？徐琯贞着急地提醒丈夫，"他年龄比别人小，就让他留一级吧，何必这样拼命呢"？

"哈哈，"钱玄同笑起来："你怎么不知道他的牛脾气，他真的肯留级吗"？

半年以后，第一学期的考试结果出来了。钱三强的英文得了65分，其他各科成绩都不错。父亲伸手接过成绩单，不由得心里暗喜："这个属牛的孩子，真有一股牛劲哩！"

1931年，"九一八"事变以后，钱玄同出于爱国立场拒绝同日本人来往。在宴会上，凡有日本人参加，他都拒不出席。不久，日寇步步逼近北平，钱玄同写文章便署名钱复，寓有早日复我华夏不愿做亡国奴之意。在日伪逼近的北平，钱玄同拒绝工作，闭门谢客。钱玄同曾寄语大后方的友人："钱玄同决不任伪命。"表示自己决不与敌伪同流合污，表现出了高尚的民族气节。

原本不识愁苦滋味的少年钱三强，因为日寇的入侵，却平添了几多忧伤。

恰巧，就在这个时候，钱三强在课外阅读了英国科学家罗素的《原子新论》，对原子结构有了进一步的认识。于是，他把学习兴趣转向物理学。

1932年秋季，三强在北京大学预科毕业以后，毅然放弃了报考上海交通大学的初衷，转而考取了清华物理系，从师于留美归来的叶企孙、吴有训、赵忠尧教授和萨本栋教授。

清华物理系云集着当时中国物理学领域众多名家，又多是从科技发达的美国留学归来，他们一色的美国教育方式：上课不宣读课本，而是讲解例题，启发思考，重视掌握解决问题的本领。

1936年，钱三强在清华大学毕业了。他的毕业论文的成绩在全班排名第二，毕业论文成绩在全班排名第一的则是被同学们称之为漂亮"女神"的何泽慧。

当然，钱三强也发现被同学们称之为漂亮"女神"的何泽慧也不同凡响，那秀美的面庞镶嵌着一双会说话的大眼睛，苗条的身材，拖着两条粗粗的长辫子。三强对"女神"爱慕之情油然而生。尽管清华园当年是男女

生混合编班,在一片打倒"孔家店"的声浪中,男女生社交公开。但慑于封建残余思想在各方面的影响,他二人还是将爱慕之情悄然深埋于心底。

1935年,北平爆发了震惊中外的"一二·九"学生救亡运动。那时,喜欢埋头读书的钱三强还在课堂上规规矩矩地准备期末考试呢。次日,何泽慧送给他一份清华大学救国会散发的《告全国民众书》。钱三强得知12月9日那一天,同学们因为喊出了"打倒日本帝国主义"这句口号,从而惹怒了汉奸特务,他们动用了大批军警,用大刀、皮鞭、水龙头袭击手无寸铁的爱国学生,打伤

1935年清华大学物理系部分师生在礼堂前合影

一百多人，逮捕二十多人。钱三强怀着急切心情读了《告全国民众书》，只见上面写道：

　　……现在一切幻想，都给铁的事实粉碎了！"安心读书"吗？华北之大，已经放不下一张平静的书桌了！

　　领土一省一省地被敌人侵占，人民千万又千万地被敌人奴役，城村一处又一处地被敌人血洗，侨胞一批又一批地被人驱逐，一切内政外交处处被他人干涉……

　　同胞们起来！为祖国生命而战！为民族生存而战！为人权自由而战！

钱三强读罢，顿觉热血沸腾。他拍案而起，于12月16日清晨，冒着零下二十摄氏度的严寒，参加了爱国学生控诉反动军警的大游行。

"为民族生存而战"！"为国家独立而战"！"为领土完整而战"！钱三强打着横幅标语走在最前列。何泽慧则紧随其后。

天桥，汇集了一万多学生、两万多市民。抗议大会开始了，清华大学学生会主席黄诚，健步登上一辆停驶的电车，发表了慷慨激昂的演说。他指出：华北垂危，祖国面临生死存亡的危险形势，号召"反对华北自治的傀儡组织""收复东北失地"等，而后到外交部大楼示威、请愿。

当钱三强走在回家的路上时，天色已近黄昏，饥寒交加。他快步朝家门走去，远远瞧见了父亲的身影。回到家来，三强扑进妈妈的怀里，流出了痛恨的泪水。妈妈告诉他："你迟迟不回家，你爸爸连饭都吃不下，他一直等着你呢！"

三强顿时感到，敬爱的爸爸和青年人的心是相通的。

几天以后，爸爸与三强有一次终生难忘的对话。爸爸问三强："偌大一个中国，近百年来，为何老是遭受洋人欺侮？"

"中国太落后了"。三强很干脆地回答。

"咱们的祖先不是有过四大发明的光辉历史吗"？

"因为近百年来，西方科学技术发达了，中国又闭关自守，犯了自大狂"。钱三强思忖了一会儿，回答着父亲。

"你说得对。我们犯了自大狂。我们像是一个离开了泥土的巨人安泰，我们瘫痪无力了"。钱玄同十分动情地接着说下去："我们现在必须把两只脚重新站立在泥土上，承认自己在科学技术方面落后了，该迎头赶上去。你们现在努力读书，就是为了将来更好地救国啊！"

钱三强谨遵父训，重新回到了清华大学的课堂上，用功读书，一如既往。

泽慧也向钱三强提出了同样的问题："我们为什么总是挨打？"

"因为我们落后。弱肉强食，残酷的竞争，这就是目前的资本主义世界"。钱三强义愤地说道。

"面对这种落后挨打的残酷现实，我们再也不能沉沦下去了。我们要发愤读书，用我们自己的知识和力量改变我们的国家"。何泽慧心情激动地说道。

何泽慧是一位非常刚强的女孩子，她与钱三强的谈话总是很投机。因为二人总是志同道合。

眼看他们就要毕业分手了。一天，何泽慧落落大方地走到三强的身边。他依旧独自伏案读书。于是，她默默地坐在他对面的座位上，问他毕业以后干什么。三强头也不敢抬，嘴也口吃起来，半天没能回答出她的问题。最后，她有些赌气地站起身离去了。但是，何泽慧又停下脚步。她回转身，用那双长着长睫毛的大眼睛，脉脉含情地注视着他，良久，才转身走了。

爱情犹如美丽的花木，在不成熟的时候，只会生叶发芽，而不会开放美丽的花朵。钱三强与何泽慧，就这样为了各自的理想将美好的爱情深深地埋藏于心底。

当年，学校当局重男轻女的封建残余思想很严重，

尽管何泽慧学业成绩优秀，但拒不为她这个女同学分配工作。钱三强被著名物理学家、北平物理研究所所长严济慈选中，走向科学实验第一线；同班同学王大珩由周培源先生亲自送到南京弹道研究所，从事他所热爱的职业。可是，何泽慧却苦于就业无门。就在她焦虑之时，有位山西老乡传递给她一个信息：阎锡山有个承诺，凡山西籍的学生在国立大学毕业后，他出资3 000元，资助出国留学。因为当时德国马克较为便宜，何泽慧便用阎锡山资助的这笔钱，选择了赴德国柏林高等工业大学技术物理系攻读博士学位。她出于抗日爱国热忱，毅然选择了"实验弹道学"。

当年，科学院的每一个研究所总共不过十来个人，经费也少得可怜，但人员素质却非常之高。钱三强的导师严济慈，早在20世纪20年代便留学法国，在巴黎大学获得博士学位。以后又在法国从事科学研究多年，在现代物理学领域有骄人的成就。

钱三强第一次与严济慈见面，还真有些拘束。这位

钱玄同为钱三强书写的条幅

在物理学界享有很高威望的所长，笑微微地说："你的毕业论文写得很不错嘛！"严济慈刚一见面就对钱三强给予鼓励。接着，他又问道："今后在所里从事研究工作，你有什么想法呀？"

三强知道，这位所长在光谱学研究方面作出了卓有成效的贡献，便回答说："我喜欢实验物理，特别是喜欢分子光谱。"

这次谈话之后，严济慈尊重钱三强的选择，给他的选题是研究分子光谱。几个月下来，他不仅熟练地掌握了几台光谱仪的操作，还学会了照相。

当时研究所的助理研究员每人还要担任一项服务性的工作。钱三强兼做图书管理员。这正好遂了三强酷爱读书的心愿。他按照严济慈给他开的书目，挤时间如饥似渴地读书。与此同时，他把学习光谱学、分子结构学与光谱实验相结合，踏踏实实地向分子光谱研究的纵深领域摸索、探求。他很快拍摄到了一批清晰的光谱照片，并在显微光谱仪上画出了光谱分布图。

1937年初春的一个星期六的下午，钱三强正在图书馆看书，严所长兴致勃勃地走来，对他说："听说你过去在中学学过法语，现在还记得吗？"

"忘了不少，若是查查字典，还可以看看文献"。三强问答说。

"那好，我来考考你的法文程度"。

说话间，严济慈从书架上选了一本法文杂志，让钱三强念一段，翻译一段。

虽然钱三强念得有些结巴，也没有完全译对。但严济慈还是满意地点了点头，笑微微地说道："还行啊，你把手头的工作放一放，准备留学考试吧！"

严所长经过一番突然袭击式的考试之后，才放心地亮出了"底牌"。

原来，严济慈得知中法教育基金会招考公费生到法国留学。共三个名额，其中有一个名额是到居里实验室攻读镭学。严济慈慧眼识英才，有意送钱三强出国深造。

两个月以后，钱三强如愿以偿，通过了留法考试。他将赶赴法国大学居里实验室攻读博士学位，并从此与核物理结缘。

居里实验室是世界上最著名的实验室。创建这个实验室的居里及其夫人玛丽，于1898年先后发现了钋与镭，开创了镭射治疗肿瘤的新篇章，给人类带来了福音，从而获得了1903年度的诺贝尔物理学奖。1911年居里夫人又因分离金属镭成功，第二次荣获诺贝尔化学奖。居里夫妇先后去世以后，居里的女儿伊莱娜和女婿约里奥夫妇俩继续领导这个研究所工作。当时正是原子科学面临重大突破的前夕。1934年约里奥–居里夫妇发现人工放射现象，丰富了人们对原子核的了解，并且开辟了放射性同位素的广泛应用，从而获得1935年度的诺贝尔化学奖。

钱三强有机会到居里实验室学习、工作，从而将向着20世纪30年代迅速发展的前沿科学——原子核物理学进军，他感到无此兴奋，无比激动。他突然想到，如今他心目中有两位漂亮的"女神"，一位"女神"是何泽慧；另一位"女神"则是原子物理。他以为，终生与这两位"女神"相伴，那么，他将是世界上最幸福的科学家。

留法考试开始了，钱三强满怀信心地走进考场。

一连考了三天。考数学、物理、外语(法文、英文都可以答卷)和语文。每考一门就是闯一道关，一关通不过，就会全线败退。

考完第三天，三强泄气了。自我感觉语文没有考好。他知道文言文是自己的弱项，这是受父亲影响的缘故，因为父亲提倡白话文，在家里很少接触文言文，更没有用文言文练过写作。

这次留学考试，正是南京政府刮复古风的时候，要求写一篇白话文，一篇文言文。钱三强断定自己文言文的成绩很糟，留法的希望可能要破灭了。

留法考试半个月后的一天，钱玄同在学校接到严济

慈的电话，让三强到他家里去一趟，说是要谈谈关于留法考试结果的事。

严济慈在客厅迎候三强，一见面就开门见山地说："这次留学考生中，你和另外一位的成绩不错，两人不相上下。他的文言文写作比你强，但物理不如你。外文成绩，他考的英文，你考的法文，都是符合要求的。经过考试委员会研究，决定录取你。你就做启程准备吧。"

严济慈还告诉三强，他6月底也要到巴黎去。

"能在巴黎见到您吗"？三强希望在异国他乡见到他的导师严济慈。

"完全可以。我要在那里逗留几个月，参加几项活

钱玄同先生1926率全家于中央公园聚会

动,先出席国际文化合作会议,然后应邀参加法国物理学会理事会。还有,我的法国老帅范勃理要退休,要举行一次庆祝活动,也是要参加的"。严济慈介绍了他这次法国之行的安排。

严济慈第一次去法国,是1923~1927年,先后在巴黎大学获得硕士学位和博士学位。他第二次去法国,是1928~1930年,在范勃理实验室从事科学研究。

当钱三强把录取通知书递到父亲钱玄同的手中时,父亲的脸上,只在刹那间掠过一丝欣喜,而后,便是好一阵的沉默。许久,他叹了口气说:"如今是国破山河碎,即使学到西方先进的科技知识,也怕是将来报国无门啊!"

钱玄同教授的担忧不无道理。近年来,华北的局势动荡不安。1936年8月,日寇开始侵略绥远。傅作义率部在怀柔奋起抵抗。中华健儿,勇敢抗击日寇,前仆后继,给日寇以迎头痛击,显示了中华民族抗击侵略者的坚强意志。

北京大学校长胡适为这次抗击日寇中英勇牺牲的战士题写了"中华民国华北军团第五十九军抗日战死将士墓碑"的碑文,由钱玄同亲手书写。墓碑立在大古山下的公墓前。墓碑建起以后,为了隐藏革命纪念物,傅作义又在墓碑上加了一层迹盖,上刻"精灵在兹"四个字。

这件事激励了全国人民。不久，日军侵占我秦皇岛，节节进逼平津，中日签订了屈辱的《塘沽协定》。钱玄同愤怒至极，平时谈话，每每提到日本，使用"我们的敌人"来代替。父亲对日本侵略者嫉恶如仇、势不两立的态度，对三强有着深刻的影响。

可是，意想不到的事情发生了——就在钱三强动身去巴黎之前，发生了震惊中外的"七·七"事变。

随着卢沟桥枪声响起，北平，这座文明古老的都城，一夜之间，处在了战争的前线，枪炮声震撼着每一个市民的心。

危在旦夕的形势，使三强不得不对赴法留学的计划作重新考虑。眼看日本帝国主义的铁蹄已经踩到了中国人民的脊梁上！我，一个中国热血青年，能在这时离开自己的祖国去求学吗？

三强心里也牵挂着自己的家。让他最放心不下的，就是他的父亲。

刚过五十的钱玄同，身缠两种疾病：一种是高血压，还出现血管硬化；另一种疾病是两条腿走路颤抖、打软。父亲曾不止一次地讲述过，说这两种疾病，是旧教育方式给他留下的祸害。

父亲四岁的时候，就会背诵许多古典诗词，被家人誉为神童。稍大一些，在与兄长比赛背书、习字时，他

1936年清华大学物理系毕业生合影

总是第一,又被誉为小状元。于是,祖父便对父亲加以特殊培养。每天晚上睡觉前,必须站读两个小时的书,否则不准上床。由于人小,发育不成熟,长此下来,伤了筋骨。到了中年以后,就未老先衰,再也离不开拐棍了。

"七七"事变第二天,父亲耽于时势,高血压病突然加重,头晕目眩,只好躺倒在床上。

三强同样也担心母亲。母亲一生饱经痛苦。父亲多病,又事业繁忙,全家人的日子,靠着她一个人操持。人到中年,母亲患了子宫颈肿瘤,在协和医院用镭照射。有一阵子,母亲病情加重,医院下了病危通知,家里连寿衣都做好了。那时候,父亲丢下一切工作,成天陪伴

着母亲。

后来，母亲终于活过来了。从此，家里又恢复了欢乐和宁静。

母亲对子女的体贴无微不至。她平时喜食素食，到了周末，大家都从学校回家了，她就炖一锅排骨或牛肉，有荤有素，给大家补补身体。可是，她自己却一直亏着自己。母亲明显地苍老了。

三强想到自己已是二十多岁的男子汉了，不能在父母需要的时候守在身旁，将会终生遗憾。

三强踌躇了。他准备给已经去法国的严济慈发电，告诉他国内发生的情况。

知子莫如父。钱玄同从三强的沉默中，猜出了他的心思。必须得抓紧谈一谈。

7月11日傍晚，钱家居住的四合院像往日一样安静，微风吹来，树叶轻轻摇动，客厅外面的廊檐下，摆放着一把藤椅，旁边有一个木茶几。这里是钱玄同小憩的地方。这一天，钱玄同招来长子秉雄、三子德充，与临别前的钱三强进行了一次永生难忘的对话。钱玄同问三强："赴法国之前还有什么话要说吗？"

三强低着头，不知怎么说好。

"二弟对二老有些放心不下，正在犹豫"。大哥秉雄帮三强把心思说了出来。

"有什么可犹豫的呢"？钱玄同问道。

"'七七'事变以来，北平城外枪炮声不断，日本飞机常在头顶上飞来飞去，眼看仗就要打起来了，我怎么能走呢"！三强说话间显得心情沉重。

"一个弹丸之地的日本，敢对我们大中国发起侵略，是因为什么？还不是因为我们国家落后嘛"！钱玄同说着，情绪激昂起来："'一二·九'时，你们不是高喊为民族生存而战，为国家领土完整而战吗？凭什么，就凭我们这些躯体？"

钱玄同目光扫过三个儿子，落在三强的脸上，继续说："人多可以是大国，但未必是强国。要使自己的国家强大起来，必须有先进的思想，先进的科学。否则，只能任人宰割。你现在出国学习，不正是将来报效祖国，造福社会的好机会吗？"

这时，钱玄同长长地叹息了一声，接着说下去："在这国难当头之际，留在家里又能怎样呢？一同受难？于国于家又有什么好处呢？"

三强用哽咽的声音回答父亲说："爸爸，您说的道理我明白了。我担心的是，一旦战争打起来，您的身体这样虚弱，全家人的生计也有困难，谁知道会发生什么事。"

气氛一阵沉闷。父亲强忍着悲伤的感情，把话题转

向了法国。他说:"巴黎是世界文化名城,可惜我没有那份机缘。你到了那里,先要适应环境,不能生病,一个人在外生了病很麻烦。至于我的身体,多年病病歪歪,不必在意。你们的祖父和伯父都活了七十四五岁,我想我活到六十多岁是有可能的。"

秉雄以长子的身份宽慰父亲:"爸爸,您对自己的身体不必多虑,平时多注意些就好。"接着,又以兄长的口气安慰三强:"二弟,你不用牵挂家里,爸爸、妈妈有我和德充,还有你嫂子,只管放心。至于发生战争的莫测,那不是一家一户的事。真有什么战事发生,我们也一定尽全力照应好一家人,等你回来全家团圆。"

将要踏上赴法留学的征程了,钱三强留恋家庭,留恋北平,也留恋北平那古朴典雅的胡同,那幽深的四合院。

这一次的别离,是钱氏父子生命中的一个里程碑啊!

父子二人久久地默默地对视着。

1937年7月,24岁的钱三强踏上了留法求学的征程。

这一去便是10年。这期间,多灾多难的祖国,正遭受着日本帝国主义的蹂躏,泱泱大国濒于绝境。

钱三强站在远洋客轮的甲板上,面对着浩渺无边、波涛壮阔的大海,心潮澎湃。

投师居里夫人

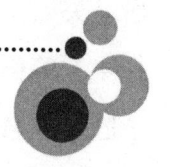

钱三强于1937年8月走进了法国核物理的最高学府——巴黎大学镭学研究所居里实验室，成为世界著名核物理学家约里奥-居里夫妇的学生。

经过一个多月的旅途奔波，钱三强来到了具有世界花都之称的法国首都巴黎。

1937年8月，国际文化合作会议在巴黎召开。严济慈教授作为中国代表，应邀出席。在会议期间，他迎来了远涉重洋的

钱三强塑像

钱三强。严济慈安顿好钱三强以后，要三强到巴黎各个景点看一看。他告诉三强，有"世界花都"美称的巴黎，拥有世界闻名的博物馆卢浮宫，著名的埃菲尔铁塔，还有美丽的协和广场……待会议休息时间，再带三强去见居里夫妇。

在等候严济慈引荐的两天时间里，钱三强有幸浏览了巴黎著名的风景点。他想到的是，要在第一封家信中，介绍初见巴黎的印象。他要和全家人一起分享这份幸福。

信刚刚写好，严济慈便来敲门了。严济慈眉开眼笑地说："走，我领你去拜见你的老师。赶快整理好行李。"严济慈父问道："三强，你知道你的导师是谁吗？"

三强摇了摇头。严济慈笑微微地说："你的导师就是居里夫人的女儿伊莱娜·居里。这真是你的运气。"

这一天，严济慈领着钱三强到巴黎大学镭学研究所居里实验室去报到。伊莱娜·居里身穿白色工作服，在实验室后面一个鲜花盛开的小花园里接待了远道而来的两位中国客人。

通过简短而融洽的交谈，伊莱娜对钱三强的法语对话能力和学识水平是满意的，对曾获法国博士学位的严济慈先生亲自引荐人才尤为高兴。她同意做钱三强的导师，并亲自指导这位年轻人完成博士论文。

钱三强终于幸运地走进了法国核物理的最高学府

钱三强

——巴黎大学镭学研究所居里实验室，成为世界著名核物理学家约里奥-居里夫妇的学生。

钱三强的聪慧与实干，深得伊莱娜·居里的赞赏。不久，她推荐钱三强到原子核化学实验室工作。由法国政府拨款建立起来的这个核能研究室，仪器设备齐全而先进，这里有着欧洲大陆第一台回旋加速器。伊莱娜·居里的丈夫——约里奥-居里就在这个实验室主持工作。这样，钱三强就同时在两个实验室工作。

这一天，伊莱娜对钱三强说："约里奥很相信你。他正在进行云雾室的改进，他认为你可以成为他很好的助手。不知你是否同意？"

"我很愿意成为约里奥先生的助手"。钱三强回答说。

"这样吧,你的博士论文就从约里奥实验室的工作开始,由我们共同来指导完成。好吗"?

钱三强惬意地点了点头:"我一定好好干!"

法兰西学院核化学实验室与巴黎大学居里实验室之间的距离,仅一千米之遥,快步走十分钟便可到达。

在法兰西学院原子核化学实验室,钱三强见到了约里奥-居里先生。这位著名的核科学家是一位非常典型的法国人,身材魁梧高大,性格热情奔放。他非常喜欢与助手交谈,善于抒发自己的感情。用他自己的话来说,就是不愿意把话闷在自己的肚子里。与人交谈,是他的乐趣。他没有那种大科学家的架子,而且和工人合作得很好。有时还与工人讲些法国土语,很开心。看得出,他对自己所从事的核能研究,有着一种狂热的痴迷。

第一次见面,约里奥便开门见山地向钱三强交代了工作意图:"我想对云雾室作两种改进。一是改进充气的压力,使压力可以调节,这样测量粒子的能量范围也就可以调节了。另一项改进,是把膨胀速度放慢,使有效灵敏的时间拉长,这样,一次实验就可以获得较多的实例。"

三强认真作谈话记录,同时,他也开始考虑必要的细节。

云雾室，是一种研究原子核粒子轨迹的基本没备。外形设计成一个箱室。在箱室内模拟自然界，让充满酒精的蒸气达到饱和，出现云雾，形成云雾室。做实验时，当带电粒子通过云雾室内的气体时，会出现一串带电的离子，沿着离子的轨迹形成滴液，使带电粒子的轨迹清晰可见，以便进行观测和研究。

以前，原子物理方面的许多新进展，多是通过云雾室观测发现的。

过了一段时间，约里奥到实验室来查看，只见云雾室的主要结构件都加工好了，钱三强正在进行组装。

约里奥惊讶了。他发现最难加工的金属底盘、金属网、金属丝，都加工好了，真不敢相信。

"这都是怎么制作出来的？都是你干的"？他兴奋地询问钱三强。

"我画好图纸、制作成样品后，到工厂去请金工师傅加工的"。钱三强回答。

"工厂在哪里"？

"在巴黎郊外。那里有很好的设备，工人们也很热心帮助"。

约里奥很欣赏这样的科学青年，能想出办法来解决遇到的问题，而且踏踏实实，从不张扬。

约里奥居然少有地在公众场合表扬了自己指导的学生钱三强。

新的云雾室制成了,并且达到了预期的目标。

新的云雾室刚制作成功,约里奥又提出了一个想法:"能不能再设计一个自动照相的系统,把粒子轨迹自动拍照下来?"如果实现自动拍照,记录瞬间出现的粒子轨迹,那可就方便多了。

没过多久,钱三强创造性地制造成了一台同云雾室相匹配的自动照相机。

从此,约里奥-居里对钱三强更加器重。

目击地球村的核裂变

1939年,伊莱娜带领钱三强做了有关核裂变的一系列试验。由伊莱娜做放射源,钱三强用自己设计并制造的云雾照相机拍照,并作观察分析。这次师生合作,发现了铀和钍受中子打击后所产生的裂变反应。人类从此进入了原子能时代。

伊莱娜·居里是一位勤奋、聪颖、娴静的女性,从外表看,似乎给人一种冷若冰霜的感觉。其实,她内心却蕴藏着善良的同情心。她那饱满的前额和智慧的大脑,很像她的妈妈。那双聪敏的大眼睛,似乎能望穿一切事物。

约里奥则是一个活泼、敏捷、热情、乐观而又非常刚强的男子汉,这同伊莱娜·居里的性格恰好形成了鲜

明的反差。然而共同的事业把两个性格截然不同的科学家连在了一起。他们相敬相爱，相辅相成。

钱三强对两位老师都很喜爱，都很尊敬。

钱三强也很快把两位老师主持的两个实验室的各种设备和性能都掌握了。自然，这里的设备和科研人员都是世界一流的。钱三强感到每天都有新的收获。工作起来，他的心情是愉快的，只有每到夜晚，从报纸上看到上海失守、南京沦陷的消息，才陷入深深的悲愤和怀念之中。父母亲年迈多病，身在沦陷区，不知会遭受什么样的不幸？这样的思念，常常使他彻夜难眠。

不过，每当他走进实验室，总是把悲愤默默地压在心底，化作忘我工作的力量。这一切瞒不过约里奥-居里的眼睛，他时常在工作的闲暇时间走近三强，和三强谈心："钱，你要多想乐观的事。中国的抗日战争，是正义的。人民虽然遭受苦难，但胜利一定属于中国人民。"

那是初春的一个下午。约里奥做实验，由三强帮他洗照片。这是几张非常重要的照片，约里奥希望通过这几张照片得出新的成果。两个人在暗室里显得很兴奋，谈笑风生。可是，就在这当儿，意想不到的事情发生了，钱三强把显影液和定影液的位置放颠倒了，其结果是，几张照片全部作废，他二人数十天的实验化为乌有。

"唉"！约里奥长长地叹了口气。

"白搞了！怪我一时马虎"。三强痛苦地自我责备说。

"这样的事，我也发生过。越是重要的工作，越容易出错。这是因为精神太紧张的缘故"。约里奥非常温和地安慰着三强。

"唉，这实在是不该发生的错误呀"！

"既然是工作，错误嘛，随时都可能发生。不要叹息，回去吃顿饱饭，睡个好觉，明天咱们从头来"。尔后，约里奥又劝慰三强说："在长期的紧张工作中，出现今天这样的小插曲是免不了的。"

失败是成功之母。

1939年1月的一天，约里奥在钱三强工作室对面的可变压力云雾室进行工作。他突然兴奋地叫着："钱，快来看!"

三强连忙跑过去，只见约里奥手中刚冲出的胶片还没干，他兴奋地指着上面的图像说："你看，裂变现象果然出现了!"

这就是世界上第一张直接在云雾室拍下的铀受中子轰击时产生裂变碎片的照片。这张照片，直接显示了裂变现象。看到这样的裂变现象，钱三强比看到任何美丽壮观的景色都更为激动，因为他开始懂得裂变的伟大意义。

钱三强刚刚踏上科学之路，就耳闻目睹了世界科学史上这个重大发现。这些宝贵的经历，对他了解科学工作的规律，拓展自己的科学眼光，起到了重要作用。

核裂变发现不久，钱三强幸运地参加了一项验证核裂变概念的研究工作。

那天，他正在跟约里奥先生组装一个新的云雾室，伊莱娜突然来了。

"怎么样，钱跟我合作一个项目好不好"？她对钱三强说。

"当然好啊"！三强高兴极了。

"从近一个月的情况看，核裂变确实存在。但是，需要进一步验证核裂变概念的正确性"。伊莱娜讲述着自己的设想。"放射源由我做，测量和统计工作由你来做"。伊莱娜交代说。

钱三强在云雾室动手做准备工作。开头，伊莱娜每天都来看，问问有什么问题。由于三强作风非常严谨，伊莱娜对他的工作很满意。

伊莱娜带着钱三强做了验证有关核裂变的一系列完整试验。由伊莱娜做放射源，钱三强用自己设计制造的云雾照相机拍照，并作观察与分析。这次师生合作，发现铀和钍受中子打击后可得到"镧"的放射性元素。也就是说他们发现了铀和钍的裂变反应。他们的这一发现，

在德国留学的何泽慧（右）和姐姐何怡贞

后来被众多科学家证明和认可。这个重大发现，使人类对核科学的研究，进入了新的时期。人们兴奋异常。钱三强从实验室走出来，直奔他在巴黎的好友汪德昭的寓所，怀着喜悦的心情说道："我亲爱的德昭，你知道核裂变释放的能量有多么重要的意义吗？这种能量，倘若有一天被用来为人类服务，那该是多么好的事情啊！"

汪德昭却显得很镇静："你想过吗？这种能量如果有一天被人类用来制造武器，那后果就会不堪设想！"

汪德昭的话果然应验了，钱三强与导师所证明的核裂变，很快被美国制成了杀人武器，并且在日本的长崎和广岛造成了不堪设想的后果。

1940年，钱三强获得了法国国家博士学位。

1940年，德国军队在西线发动闪电攻势，4月侵占了丹麦和挪威；5月侵占了荷兰、比利时和卢森堡，进而攻入法国本土。

希特勒集中了142个师的兵力（其中包括10个装甲师），首先从法国北部的阿布维尔到莱茵河上游展开进攻。

法国的精锐部队，在比利时战场几乎消耗殆尽。以致法国军队作战的兵力，只有65个师，不及德国的一半。众寡悬殊，德军就像洪水一样涌来。

6月10日，法国政府撤出了巴黎。14日，巴黎沦陷，埃菲尔铁塔上高高悬挂起了卐字旗。拥有二三百万军队、号称欧洲最大军事强国的法兰西，仅仅抵抗了42天，便被打败了。17日，贝当元帅命令法国军队投降。这位第一次世界大战的英雄无奈地说："为了减轻法国人民的忧愁，除了向德国放下武器以外，别无他法。"

就在贝当宣布投降的第二天，法国人民听到了另一个声音："我是戴高乐将军，我现在在伦敦……无论发生什么事，法国抵抗的火焰不能熄灭，也绝不会熄灭。"

戴高乐原来是被贝当政府宣判为死刑的人，却受到法国人民的尊敬和爱戴，法国民众纷纷捐献金银首饰等各种财物，支持戴高乐领导的"自由法国"运动。

法兰西没有沉沦，抵抗的火焰到处在燃烧。巴黎处在战乱之中。

这期间，英国军队也被迫撤出西欧大陆。此后，德国加紧侵略东南欧各国。意大利乘机夺取英法在地中海和北非的殖民地。1941年6月24日，德国撕毁《苏德互不侵犯条约》，突然进攻苏联，爆发了更大规模的苏德战争。英、美同苏联结成反法西斯联盟。12月7日，日本偷袭珍珠港。英、美对日宣战，德、意对美宣战，太平洋战争爆发。

战火在燃烧，在蔓延，战争的乌云笼罩着全球。

在这种形势下，位于巴黎市中心的居里实验室自然

是在劫难逃。不久，居里实验室被德国法西斯军队接管。约里奥-居里夫妇全家已经离开巴黎，准备去英国。

巴黎到处一片混乱。钱三强好不容易找到了一辆自行车带了简单的行李，跟随难民潮匆匆南逃。

敌机在难民群中时而盘旋，时而狂轰滥炸，人们前仆后继，掩埋好被炸死的亲人，继续向南逃去。

夜晚，人们睡在大路上。路边一所房子，空空荡荡的，却没有人敢住。唯有钱三强躲进去，暖暖和和地睡了一夜。天亮爬起来才听人说，这里原来是法军刚刚撤空的军营，是德国飞机攻击的目标。钱三强听了，不禁心中一悸：好危险呀！

随身带的面包早已吃光了，他到地里拔了两个胡萝卜，既充饥，又解渴。他想到，德军是从北面攻来的，过了奥丽阳大桥，进入南方就会安全了。

快到奥丽阳大桥时，钱三强遇上了他清华大学的一位师兄张德录。他乡遇故知，自然是苦难中之大幸。两人亲如兄弟，结伴南行。张德录赴法留学是学习应用物理的，已经参加法国军工厂的工作。这次奉命撤退南下，与他同行的还有两位法国工人。于是，便四人结伴同行。

又走了两天，夜晚，他们赶到一个小镇。四个人找了一间铺着麦草的房子睡下了。一觉醒来，忽然听到坦克的隆隆声。他们欣喜地猜想，一定是法国的抵抗部队开来了，那么，他们所投奔的南方就会安全了。

早晨起来出门一看，小镇上到处悬挂着卐字旗，原来是德军的坦克开过来了。他们只好不顾一切地继续向南逃去。走到一个十字路口，遇上了一个德国哨兵，那哨兵吼叫着："滚回去！滚回去！"

四个人找了一个僻静之处，坐下来商量。他们预感到法国的南方也被敌寇占领了，看来只好返回巴黎。这时，钱三强感到浑身无力，举步维艰。

几经辗转，钱三强又回到了德军占领下的巴黎。他痛苦地徘徊在巴黎弹痕累累的大街上，想到自己的祖国正在遭受日寇的侵略，来法国求学，又赶上了希特勒的大屠杀。三年公费资助业已期满，工作没了着落。在巴

1947年钱三强与何泽慧在巴黎留影

黎举目无亲，无可投靠，眼看连吃饭都成问题了。

那天，钱三强又来到他所依恋的居里实验室。门前，只见大门紧闭，他伤感地在门前徘徊……突然，在不远的地方发现了约里奥先生。

"你怎么还在这儿？"约里奥先生惊奇地问。

"我逃不出去了！"在患难中遇见了亲人，钱三强既欣慰又心酸，倾诉了自己的一腔苦水。这时，他才知道约里奥-居里夫人带着两个孩子逃到南方去了。约里奥先生非常亲切地对钱三强说："只要我们还能工作，一定要让你回到实验室来，并且得到生活上的保障。"后来，钱三强才知道，约里奥先生担任法国国内抵抗战线的副主席，领导教育科技界进行反法西斯斗争。

交谈中得知，约里奥是8月9日回到巴黎的。四天后，德国人在他的实验室里约见了他。约里奥清楚，德国人自己没有能力建造回旋加速器，现在又急于获取研制原子武器的材料和数据。这项科技成果一旦被德国人掌握了，那将是十分危险的，其后果不堪设想。

德国人没有从"约见"中得到他们所需要的口实，于是变换了另一种方法，他们让约里奥组织科学家为他们的需要服务。所以，约里奥的实验室又有人上班了。钱三强和一些同事又相聚在一起，继续研究原子物理学，然而，那是在德军荷枪监视之下。

实验室成了与敌人斗争的前线。

9月26日，伊莱娜带着孩子们回到了巴黎，他们重新搬回曾经被德寇占领的安东尼镇的那所别墅。

为了不让德国人达到目的，在约里奥安排下，研究人员紧密配合，频频制造事故，常用的办法是：每当实验进行中，法国机械师台尔曼趁荷枪德军不备，偷偷地关掉冷却系统的水龙头，引起机器发热，使绝缘体被烧坏，实验不能进行下去，只好停机检修。

"事故"总是不停地发生……巧妙的斗争，把德国人一直蒙在鼓里。

匈牙利的核物理学家利奥·西拉德曾经写信给约里奥，嘱托他说：

> 亲爱的朋友，我请求你不要公开发表关于核裂变的任何研究成果。因为这将会导致制造原子弹。这是极端危险的，如果落在某些政府手中，其后果将不堪设想……

岂知，早在英、法对德宣战前两个月，约里奥就在法国国家科学院存放了一份封好的文件。这份文件论述了"用含铀的媒介物造成一个无限的链式反应的可能性"。这应该说，原子弹爆炸的理论设计早在1939年7月

便由约里奥初步设计出来了。但是，当年的约里奥却不知道世界各地有许多著名科学家在为这件事奔波操劳；当然，那些为原子弹爆炸急于进行理论设计的人们，也不晓得法兰西学院约里奥实验室早就紧握了这柄足以震撼世界的利剑。

约里奥更不知晓的是著名的科学家爱因斯坦已经向罗斯福总统写出了那封著名的信，要美国尽快造出原子弹以对付德国法西斯的强盗行径。

当年，科学家的良知使得约里奥自觉地采取了防范措施，以阻止纳粹集团掌握核武器。约里奥心里明白，要做到这一切，是要冒很大风险的，甚至可以丢掉生命。但是，为了保护人类命运，他无所畏惧地担负起了这一光荣使命。

当年，种种特殊的恐怖，一次又一次地向约里奥袭来。

巴黎的七座犹太人教堂，在一天之内，有六座被炸毁。

恐怖和镇压日趋加剧，逮捕和枪杀屡屡发生。约里奥的处境变得越来越困难。但是，他却毫不畏惧，坚定地担任了法国争取自由独立战线的主席，并且还担任了法国全国大学阵线主席，秘密地领导着抗击德国法西斯的斗争。

1948年春钱三强回国前夕在巴黎与约里奥·居里夫妇合影

钱玄同先生与全家合影，右起，五子钱德充、钱玄同、长媳徐幽湘、夫人徐婠贞、长子钱秉雄、三子钱三强。

一切抗击德寇的活动，都是在盖世太保的眼皮底下进行的。约里奥尽管非常信任钱三强，但有些危险事情尽量不交给他。比如，实验室常要为抗德特工队改装武器和制造爆炸装置，并秘密地送给地下的抗德特工队。这种转送武器的工作便不会交给钱三强去做，因为他的肤色不同，唯恐引起盖世太保的注意。

约里奥所从事的抗击德寇的活动，所以能够顺利进行，还有一个特殊原因——约里奥的同事亨利·穆勒于1941年6月被盖世太保任命为警察局控制的巴黎市实验室主任。穆勒对约里奥十分敬重，同时他也清楚地看到，德国法西斯的寿命不会长久。因此，他很坚决地给予约里奥许多帮助。每逢星期日的下午，穆勒总要到约里奥的家中来探望，并带来对特工队很有用的情报，有时候还用手提包提来炸药、雷管和无线电通信器材。这对当年的特工队来说，真是雪中送炭啊！

抗德特工队当年所进行的艰苦卓绝的斗争，正是因为有了约里奥在情报和军备等方面的支持，才取得了一次又一次的胜利。

钱三强在实验室还曾经隐匿过一名犹太小姑娘。这位小姑娘的哥哥曾经作为约里奥的助手在实验室工作。德寇占领巴黎以后，这位犹太籍的科学家已逃往英国，在英国海军服务。钱三强和同事们一起，将这位犹太小姑娘在实验室里隐藏了很长一段时间。

一天下午，实验室里突然闯进几十个荷枪实弹的法国宪兵，指名道姓地要抓走这个犹太小姑娘。

宪兵头子首先询问约里奥："你把犹太小姑娘藏在了什么地方？"

约里奥镇定地摇摇头："从未见过。"

宪兵头子转身询问钱三强："犹太小姑娘在哪里！"

钱三强学着老师的榜样，镇定地摇摇头："从未见过。"

"藏匿犹太人，是要杀头的"！宪兵头子吼叫着威胁钱三强。

他们一面吼叫，一面到处搜查。

钱三强与伊莱娜一起，把小姑娘藏在了实验室一个非常隐蔽的角落里。德国宪兵搜查了几遍，硬是没有找到，只好怏怏地离去了。

不久，约里奥设法将多病的伊莱娜和两个孩子以及那个犹太小姑娘由抵抗组织的游击队护送，越过汝拉山脉，进入瑞士。

约里奥也从此转入地下，暂时停止了科学实验，集中全部精力抵抗侵略者。

钱三强与同乡张德录商量，趁着开往远东的客船尚能通行，准备去里昂等船，争取回国。

当年，德寇控制得很严，从巴黎到里昂也需要特别签证。

当钱三强和张德录好不容易辗转到了里昂，由于太平洋战争日渐激烈，开往远东的客船停运了。无奈，钱三强只好滞留里昂，并在里昂大学参加科研工作。

里昂大学物理系教授莫郎先生因敬仰约里奥–居里夫妇的科研成果，所以对钱三强也很器重，委托钱三强指导两个大学生的毕业论文。

1942年秋，伊莱娜来到法国南部高山区疗养，钱三强前去看望。伊莱娜得知钱三强暂时不能回国，而里昂的工作条件又远远赶不上巴黎，便建议钱三强重返巴黎，利用巴黎两个实验室的设备，可以继续从事核科学的研究。伊莱娜并帮助钱三强办理了从里昂到巴黎的通行证。

钱三强于1942年底又回到了居里实验室和法兰西学院核化学实验室。在两个实验室工作期间,他依旧尽力帮助从事地下游击战活动的约里奥开展抗击德国法西斯匪徒的斗争。

每当他看到飘扬在巴黎街上的卐字旗,便不由得联想起北平炮楼上的膏药旗;每当他看到法西斯统治下失去自由的法国人,便不由得联想起遭受日本帝国主义奴役的祖国同胞。

中国的居里夫妇——钱三强与何泽慧

25个字的求爱信

1946年4月8日,钱三强与何泽慧两位年轻的博士,在巴黎举行了婚礼。婚后,他二人亲密合作,终于揭开了原子世界一个新的秘密……

由于居里夫妇的推荐,钱三强担任了法国科学研究中心的研究员。这期间的钱三强,无论在学术上,还是在人生的旅程中,都渐渐地成熟起来。他除了完成自己的研究课题外,还为约里奥·居里夫妇指导三位博士生。毫无疑问,钱三强已经由约里奥·居里夫妇的学生,逐渐成为他们的得力助手。

由于西线战事日益激烈,钱三强的生活非常艰苦。与法国人相比,每天配给的食物少得可怜。每月配给科研人员四瓶酒,几盒香烟。既不吸烟又不喝酒的钱三强拿了配给的烟酒去换面包或咸肉充饥。

这一年，钱三强已是年满30岁的单身男人了。每当傍晚，他走出实验室，漫步在鹅卵石铺就的小路上，望着路边草坪上一对对青年男女亲切交谈，忆起在清华园与同学们朝夕相处的情景，一股股沉沉的游子思乡之情，一阵阵对爱的渴望不禁涌上心头。

夜晚，映着柔和的灯光，钱三强拿起那张毕业照片，面对微笑的何泽慧，可望而不可及，触摸的距离遥远而又亲切。他总是把泽慧的音容笑貌定格在自己的心目中，她活泼大方，平稳沉静。每逢面对这张照片，无言的他，望着无言的泽慧，总有一种与生俱来的默契。与那"女神"同窗共读的美好岁月，仿佛就发生在昨天，但又仿佛是一串很遥远的梦境。可是，这梦境却一次又一次地幻入他的生命。时光已过去七年了。迄今，那青春的歌声仍在他耳畔轻轻回响：

怒发冲冠，凭栏处，潇潇雨歇……

那双长着长睫毛的大眼睛似乎还在注视着他，良久、良久。此时，他心里有说不出的内疚和遗憾，因为她已去德国留学，多年来音讯皆无。

他默默地问自己：难道失去了最珍贵的一切，再也找不回来吗？此刻，他心底只有一个愿望，愿那位曾光

顾过他的美丽女神永远幸福，永远快乐。愿能够天各一方，永不相忘。钱三强就这样，用同窗四年的甜蜜回忆，去填补已经失去的一切。

梦境一般的事情发生了。1943年初春的一天，身居巴黎的钱三强突然接到一封来自德国的信函，这是一张浅蓝色的短笺。信的署名是他熟悉的娟秀的字迹：何泽慧。

"何泽慧"，钱三强见了这个熟悉的名字，脑海中顿时浮现出一位漂亮女神的形象：端庄秀美，温雅大方，长长的黑睫毛下，闪着一双明亮的大眼睛，白皙的面庞，略带浅浅的微笑。貌似娇柔，性格刚毅，天资聪颖，学习刻苦努力。她在柏林高等工业大学获博士学位以后，就职于海德堡物理研究所专攻原子核物理，与钱三强既是同窗又是同行。

此刻，何泽慧在视线的另一端，她正漫步在宽阔而深邃的莱茵河畔。雨中的莱茵河畔，灰蒙蒙的天空和湿漉漉的大地，似乎只留给她一个人，使她有足够的空间张开想象的翅膀，穿透几千个日日夜夜，回顾大学读书时的美好岁月。她记得，曾与她心目中的白马王子、那位身体异常强壮的三强，同一个教室读书，同一个餐桌用餐，同一个游泳池游泳。早年，她在苏州故乡学会了仰泳和蛙泳，三强曾称赞她泳姿优美，训练有素。

毕业前夕，她与三强共同切磋毕业论文的选题。当公布论文分数时，何泽慧和钱三强双双赢得了全班最高分。从那时起，何泽慧的心灵深处便萌发了对三强的爱慕之情。她爱慕他那灵透的才气，他那坦荡刚毅的性格，他那与众不同的思维方式。总之，钱三强在何泽慧的心目中是个很有耐心，很理智，很热情，也很随和的人。但是，由于她的高傲，很少有男同学敢于接近她，当然，钱三强也不例外。的确，这位高傲的"女神"，时常把倾慕她的男生贬得一文不值。但唯有对钱三强是个例外。

她怀着复杂的心绪登临有着七百多年沧桑历史的高达161米的科隆大教堂。她清清楚楚地看到了第一次世界大战时期在教学墙壁上留下的弹痕。应该说，这是属于德国特有的痕迹。如今，在希特勒的手下，将会把这战争痕迹进一步推向极端。上帝把那么多智慧的头脑给了德意志的子子孙孙。二百多年以来，优秀的哲学家、音乐家、文学家、科学家，从这片土地上，走向全世界。现在，希特勒却将罪恶的魔掌伸向了全世界。

这条静静的莱茵河，在它的深处，或许蕴藏着一种野性的力量，否则，何以在它流经的地方，散落着那么多的弹痕？留下那么多战争的创伤？尚武、好战，发动了迄今为止人类社会经历过的两次世界大战。在"争取生存空间"的幌子下，企图以武力征服世界。每当看到

"日耳曼"这个词汇时,眼前总会晃动着战乱中那血腥的场面。战乱和暴行曾使成千上万的人倒在血泊中,从而给这个地球带来空前灾难,德国也因此被称为一个"武化"国家。

何泽慧早已厌倦了这个"武化"了的国家,这个"武化"的国家像是一座牢笼,使得她与亲人的联系中断了,使得她与心爱的人隔绝了,她要冲出这个牢笼,她要设法与心爱的人取得通信联系。于是,她首先给钱三强发出了那封短信。

起初,何泽慧给钱三强写信只是称委托三强代她写信问候她远在苏州的父亲和母亲。

何泽慧给钱三强的信,虽然很短,但饱含着强烈的思念和信任。这封短信,关于他们俩之间的情感世界,好像什么都没说,又好像什么都说了。钱三强深深地感到,他和这位落落大方的姑娘,在互相爱慕着,互相思念着。

钱三强很快给何泽慧的父亲写了一封信,转告了泽慧在德国的消息。焦急万分的老人,很快给三强写了回信,表示感谢,报告了家中的平安。当钱三强把这封家书转给何泽慧的时候,姑娘激动得热泪盈眶,并给钱三强写了一封热情洋溢的感谢信。就这样,书来信往,两颗海外游子的心,渐渐地联结在一起,沉睡了多年的爱情种子开始萌芽。

当钱三强与何泽慧书信来往一年以后，世界形势发生了急剧变化，英、法联军已经在诺曼底登陆。不久，戴高乐将军随盟军进入巴黎，开始整编军队，筹建临时政府。希特勒的末日即将到来了。钱三强想到，良好的政治形势，也为他追求美好的婚姻生活带来了新的契机。

1945年初春季节，年满32岁的钱三强发出了平生第一封求爱信。当年，由于德、法之间是交战国，双方来往信件不仅不能封口，而且仅限于25个字（法文）。书写核物理学论文严肃认真的钱三强，书写求爱信也一丝不苟。

经过长期通信，我向你提出结婚的要求。

如能同意，请回信，我将等你一同回国。

这大概是知识分子中最简短的求爱信了。它虽然没有缠绵悱恻，显得不那么情深意浓，却也直抒胸臆，郑重不俗。

不久，钱三强收到了何泽慧的回信：

感谢你的爱情。我将对你永远忠诚。等我们见面后一同回国。

同样是短短的25个字,使钱三强如获甘霖。这就是两位科学家之间朴素而真挚的爱情。倘若编写一本《情书精品集》,我想这两封情真意切的情书将会收录其中。

这期间,同盟国的空军对德国柏林进行的大轰炸开始了。钱三强整日焦躁不安,担心何泽慧的安全。钱三强意想不到的是,这时的何泽慧已经离开了柏林,到海

钱三强和他的「女神」

德堡居住，在波特教授实验室，从事原子物理的研究。

1946年春天，何泽慧来到二战后面貌一新的花都巴黎。

1946年4月8日，钱三强与何泽慧两位博士在中国驻法领事馆办理了婚姻登记，领取了结婚证书。十年前的清华大学的同窗学友，如今结为夫妻，开始了共同的科研生涯。

按照中国的传统，结婚要举行婚宴。钱三强和何泽慧的婚宴在东方饭店举行。应邀参加婚宴的中外朋友三十多人。其中有何泽慧在清华读书期间的学长、法国东方语言学院中文女教师李玮；钱三强的好友、著名物理学家郎之万的得意门生、巴黎大学博士汪德昭及其夫人、音乐家李惠年；三强的挚友孟雨以及居里实验室和约里奥实验室的同事们，都争先赶来祝贺。

最给婚宴增辉的是约里奥·居里夫妇双双出席。这对夫妇出席他人的婚宴，即使在法国上层人士中，也极为少见。特别是约里奥与伊莱娜在这天晚上的着装，庄重大方，与平日相比，判若两人。显然，约里奥·居里夫妇非常重视这对年轻博士的婚宴。合体的晚礼服，显示出两位中年教授英姿犹存。

简朴而隆重的婚宴开始举行。何泽慧身着暗红色的中式旗袍，两条长长的辫子垂于腰际，俊秀的面庞一副

微微的笑靥，典型的东方女性。

钱三强则身着一身毛料西装，挺拔，干练。

这对年轻的博士夫妇向来宾行三鞠躬礼后，约里奥·居里向新郎新娘祝贺新婚，他在致辞中说道：

"令人怀念的比埃尔和玛丽·居里夫妇，曾经在一个实验室中亲密合作；以后，我和伊莱娜又结为伴侣。事实证明，我们这样的结合，其结果非常之好。亲爱的钱先生，尊敬的何小姐，我们的'传染病'，今日又传给了你们。我和伊莱娜共同祝福你们家庭美满，祝愿你们亲密合作，在科学事业上作出令举世振奋的丰硕成果。"

约里奥·居里夫妇的祝福，成了现实。以后的事实证明，两位年轻的科学博士，正是沿着约里奥·居里夫妇所走过的道路，携手共进，并取得了举世瞩目的成果。

启明星　故乡的星

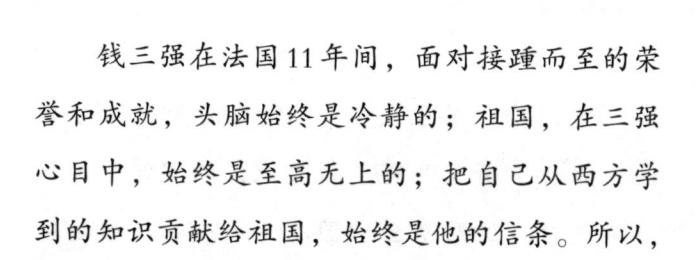

　　钱三强在法国11年间，面对接踵而至的荣誉和成就，头脑始终是冷静的；祖国，在三强心目中，始终是至高无上的；把自己从西方学到的知识贡献给祖国，始终是他的信条。所以，他回归祖国的决心是坚定不移的。

　　1946年12月初，钱三强在约里奥·居里夫妇的支持下，向世人公布了关于"三分裂"的研究成果。同年12月底，钱三强与夫人何泽慧一起，又向世人公布了第一次观测到的"四分裂"现象。

　　铀核裂变的"三分裂"现象公布以后，在法国科学界引起强烈反响。一些科学家认为，这一发现，把人类对核裂变的认识又向前推进了一步。

　　1947年3月，钱三强撰写的《论铀的三分裂机制》

的科学论文在法国科学院的院报上发表了。丰富的实验数据，缜密的科学揭示，西方科学家称由于两位青年学者的艰苦实验和科学论证，从而改写了科学史上关于核裂变的理论。

不久，西方各国报刊相继刊登了钱氏夫妇的伟大发现，各国新闻记者纷至沓来，他们称钱三强和何泽慧为"中国的'居里夫妇'"。法国一家报纸以大字标题，刊出了一则报道：

中国的"居里夫妇"，发现原子核新分裂法，为原子研究开辟了新天地，物理学大师均誉不绝口。这对来自中国的青年夫妇是核物理学家钱三强与何泽慧。

"三部分裂"时，较之"二部分裂"铀核产生的能量略大。这对于未来的原子能研究及实际应用，可发生影响。而后，何氏又发现铀核"四部分裂"现象。钱氏夫妇之成绩，实为原子核物理开一新途径。

钱氏夫妇遵照科研成果宜公诸世人之原则，不愿保守秘密，于1946年12月中旬将其公布，以期推动物理学界之新进展。

物理学大师若利欧亲临其实验室参观，甚

加赞扬。若利欧教授数次公开演讲，举此重要之发现为实验室中"人工放射"及铀核"二部分裂"之发现后最重要的科学发现……

钱三强与何泽慧，这两位来自中国的年轻博士，很快成为法国乃至世界的科技名人。当年，西方科技界提及钱氏夫妇无不称道。当人们得知这两位年轻博士来自古老的东方时，无不惊讶，无不心悦诚服。钱三强和何泽慧就这样在异地他邦为正陷于苦难之中的祖国赢得了荣誉。

钱三强在父亲的影响下，胸中深深地埋下了爱国的火种。他在"打倒列强""反对卖国贼""不当亡国奴"的怒吼声中长大成人。面对满目疮痍的祖国以及备受凌辱的同胞，钱三强深深地思索着。最后，决定走"科学救国"的道路。所以，他留学法国11年间，努力学习，奋发工作，取得了异乎寻常的成果。

当年，法国一家中文报纸给钱三强赴法留学以后在原子能科学方面的主要成就开列了如下一个清单：

1938—1939年，钱氏与伊莱娜·居里合作，发现铀和钍裂变后得到同样的裂变产物，即镧的同位素。

1944年，钱氏根据贝特的带电粒子穿过物质时慢化的理论，首先计算出了弱能量电子的射程与能量的关系，并得出了它们之间的关系曲线与实验完全相符。

1946年，钱氏与布依西爱等合作，用正比放大器首次测出了铜的α射线的精细结构。

1946—1947年，钱氏与妻子何泽慧等人合作，发现了铀的三分裂和四分裂现象。

1947—1948年，钱氏对三分裂现象提出了合理的解释，为各国物理学界所承认，使人们对核裂变现象的认识向前推进了一步。

由于钱三强在神秘的原子世界中取得了异乎寻常的科研成果，他在法国科技界的声誉不断提高。1947年，他被提升为法国国家科学院研究中心的研究导师。当年，在留学法国的中国学者中，得到这样学术职位的，只有钱三强一人。

由于钱三强在科学研究方面不断取得新的成就，法国科学院将法兰西最优厚的奖金——亨利·德巴微物理学奖授予了钱三强。

钱三强和何泽慧在遥远的法国巴黎，当鲜花和荣誉接踵而来时，他们却更加思念祖国。倘若继续留在法国，这里有先进的实验设备，有共事多年友好相处的导师和同事，有和平、安适的研究环境。当然，更有优厚的物质待遇。

这一切，对于致力于科学研究的钱三强来说，无疑都是极为优越的条件。然而，钱氏夫妇却没有忘记在苦难中煎熬的祖国同胞，两颗拳拳赤子之心要找到归宿，他们要听从召唤，要回到祖国去！

20世纪三四十年代，在法国的中国留学生，可以不花钱读到两张中文报纸，一张是国民党机构办的《三民导报》，一张是共产党员旅法支部办的《救国时报》。

那时，钱三强急切想了解国内发生的事情，两张报纸期期必读。

1938年4月3日，中国军队以40万优势兵力，包围进攻台儿庄的日本侵略者，歼敌两万余人。

这一天，两张报纸都用"台儿庄大捷"的醒目标题，作了长篇报道，称赞这一抗日战争的胜利，长了中国人的志气，灭了侵华日军的气焰。

一天，钱三强和几位同学来到巴黎的东方饭店聚会，这里是中国留法学生经常聚会的地方。这次聚会，是庆祝台儿庄大捷。每人拿出20法郎订了餐，还喝了啤酒。他们认为，台儿庄大捷实在值得大庆特庆一番，因为这些年以来，来自祖国的好消息实在是太少太少了。

这一天，中国学生个个扬眉吐气，喜形于色，整个晚上的话题都是台儿庄，都是打败日本帝国主义。

钱氏夫妇在法国11年，可说是事业有成的11年。摆在他们夫妇眼前有两条路，是留在法国呢？还是回国？伊莱娜·居里表示愿意他们夫妇继续从事他们的研究工作，这仿佛是一条铺满鲜花的光明之路。他们在法国降生了自己的女儿钱祖玄，已经组织了一个温暖的小家庭。再把多病的母亲接来，与他们一起过平静而舒适的生活。面对这样美好的境遇，面对接踵而至的荣誉和成就，居里实验室同事们都以为钱三强将会留在法国。他们说，难道钱三强会舍得放弃这难得的成功的机遇吗？

然而，钱三强在耀眼的荣誉面前，头脑始终是冷静的。祖国，在钱三强的心目中始终是至高无上的；将自己从西方学到的知识献给祖国，始终是他的信条。

钱三强的心里自然很清楚，自己的祖国还很贫穷，很落后。但是，正是因为她贫穷落后，更需要去为她贡献自己的知识和力量，使她逐渐强大起来。所以他回归祖国的决心是坚定不移的。

这一天，三强从居里实验室返回宿舍，已经是夜晚10点钟了。

泽慧和祖玄已经入睡了。他轻手轻脚地从衣袋里取出了母亲的来信，在灯光下拜读，信中写道：

吾儿三强知之：

……自你父去世以后，我的身体一年不如一年。近来常觉心痛。回想咱母子已是11年不见了，倘若你有意定居国外，为母不会阻拦。但望你抽暇回国一趟，母子难得相聚，否则……

读到这里，钱三强已是泪流满面，再也读不下去了。他想到，父亲临终未能相见。那是因为二战的阻隔。如今，战事已经结束，岂能再让老母亲忍痛离世呢！

这一天，钱三强彻夜未眠。清晨，在那个黑夜与黎明将要交替的时刻，他探头向窗外望去，他惊奇地见到深蓝色的天空上挂着一弯新月，离那新月不远的地方，他看到了在北平时常看到的那颗启明星。

啊，那是金星！是启明星！是故乡的星！

他久久地凝视着那颗故乡的星辰。他以为这颗星辰似乎是特意为他安排的，它在向他昭示着，他应该踏上归途了。

他怀着急切回归故里的心情，依旧静静地站立在床前，凝视着东方，默默地迎接着来自东方的曙光！

当钱三强决定回归祖国的消息传开以后，国内各大学、各研究机构发来的电报、信件源源不断——

有北京大学校长胡适打来的电报，并电汇来800美

元作为路费，聘请他到北京大学物理系任教。

有北平物理研究所严济慈发来的电报，严济慈希望三强与他一起从事核物理的研究工作。

有清华大学梅贻琦和周培源两位教授发来的电报，邀请他到清华大学物理系任教。同时，汇来600美元的路费。

自然，钱三强的首选是他的母校清华大学，因为那里有他最敬佩的周培源教授。周培源那渊博的知识，民主作风，慈祥的学者风度，对他具有强烈的吸引力。所以，他接受了清华大学寄来的600美元的路费，同时，也答应了北平研究院的邀请。对于胡适寄来的800美元的路费，他原封退回，并写了一封对世伯表示感谢的信函。

告别巴黎的日子就要到了。虽然归国心切，但他对巴黎，对居里实验室，却是非常留恋。他怀着依依不舍的心情走进实验室，往事历历在目。记得，当年就是在这座实验室，伊莱娜·居里身着白色工作服，热情地接待了他；在这座实验室，度过了他美好的青年时代；在这座实验室，他获得"三分裂"的科研成果；这里不仅有他美好的事业，而且有他甜蜜的爱情生活……因此，他在这座实验室中久久地流连……

这一天，钱三强与何泽慧一起，将他们回归祖国的愿望告知他们的导师和同事以后，约里奥·居里夫妇对他们的良好愿望表示理解和支持，约里奥先生说：

"你的决定是对的。我倘若是你，也会作出同样的决定。"

约里奥先生为了表达他对新中国的热爱，对钱三强的支持和友谊，他将若干个保密的核数据（现已公开）和一包放射源赠给了钱三强。要知道，这是约里奥先生几十年的心血结出的果实，竟毫不吝啬地赠给了他的中国学生钱三强。这表现了一位伟大的科学家的高尚情操。

临行前，约里奥·居里夫妇为钱三强与何泽慧饯行，并同他们在后花园合影留念。而后，伊莱娜·居里郑重地将一份有约里奥·居里签名的鉴定书交给钱三强。鉴定书上写道：

钱先生表现出了科研人员所具有的特殊素质，在我们共事期间，他的这些素质又进一步得到加强。他已完成了大量的研究工作，其中有些是非常重要的。他心智敏慧，对科学既有满腔热忱，又有首创精神。我们可以毫不夸张地说，到我们实验室实习并在我们指导下工作的同一代科学家中，他是最优秀的。我们曾委托他指导几批研究人员和博士生，他以自己的

才华出色地完成了这些任务,并受到他的法国学生和外国学生的爱戴。

我们的国家对于钱先生的才干业已承认,并先后赋予他重任。先是任命他为国家科学研究中心的研究员,接着又任命他为研究生导师,他同时也是法兰西国家科学院的获奖者。

钱先生还是一位优秀的组织者,他具备了科学研究组织工作者所特有的精神,他同时具备了科学工作领导者所具备的科学技术素质。

上述一切,就是举世闻名的伟大科学家约里奥·居里夫妇对他们的中国学生所作出的最高评价。

约里奥·居里夫妇尽管非常惋惜即将失去钱三强夫妇这样得力的助手和同事,但也真诚地希望钱三强回国后能够独立创业,为饱受苦难折磨的古老中国增添一份荣誉。

1948年夏季,钱三强与妻子何泽慧一起,抱着刚满六个月的女儿祖玄跨上了东去的客轮,踏上了归国的旅程……

世上只有母亲好

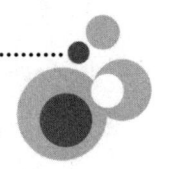

钱三强把伟大的祖国比做亲爱的母亲，认为"世上只有母亲好"。他认为，欧洲尽管很美，但还是祖国的山河最壮美。

钱三强非常孝顺他的母亲，因为自己的每一滴血都源于母亲，母亲的慷慨慈爱是举世无双的。

钱三强生于牛年，青少年时代学习知识如饥似渴，非常刻苦，表现出一股不达目的不罢休的犟劲。所以，他的父亲钱玄同风趣地说："这孩子是属牛的，还真有股子牛劲呢！"

正是靠了这股子牛劲，钱三强登上了物理科学的殿堂，成为举世闻名的核物理学家；正是靠了这股子牛劲，钱三强义无反顾地于1948年5月2日登上了回归祖国的

客轮。

生活了11年的巴黎，再见了！

使他成功，给他荣誉的居里实验室，再见了！

11年来，异国漂泊，经历了人世间最残酷的战乱；

11年的顽强拼搏，使他站在了核物理学的最前沿。

呕心沥血的11年！

卧薪尝胆的11年！

1948年6月10日，久别祖国11年的游子钱三强回来了！

在等待行李期间，钱三强偕同妻子女儿回到原籍浙江湖州拜谒了父亲的墓地，而后在岳母家住了近一个月。

来到湖州父亲的墓地，只见父亲的墓地上，绿草葳蕤，他想那是父亲生命的延续，是父亲崇高灵魂的表白。他认为父亲尽管长眠在地下，但却平静地向后人昭示着一个真理：一个人活在世上，其目的在于改变自然，改变社会；一个人终其一生是要在自然界，在社会上留下个人的足迹。尽管父亲的晚年是不幸的，但透过历史的云烟，他仿佛依稀见到父亲那亲切的面容。父亲毕其一生，终究在中华大地上留下了"科学与民主"的足迹。此刻，他站在父亲一生最后的驿站处，追思父亲的一生，认为父亲的墓地不仅是一个爱国者栖息的所在，同时，也是为他的后人澄清思想、修补灵魂的地方。站在父亲

1937年清华大学物理系部分师生合影

的墓地上，他所想到的是要像父亲那样做一个有灵有肉、有血有泪的人，他作为伟大的爱国者钱玄同的后代，感到了肩上所应承担的责任，他凭着生命直觉的追求，凭着父亲在他血液里积淀的精神和气质，更加坚定了自己的选择。

　　钱三强在绍兴，回探了他出生的那个小院。小院里长着两棵枇杷树，枇杷树旁是一口水井。水很浅，俯首望去，可以看到自己的倒影。井口周围砌着青石板，青石板的接缝处，生长着一簇簇碧绿的小草，一派生机勃勃。井水南面，有一条纤细的石径，不长，但幽；不古，却雅。少年时代，每当暑假，随家人回归故乡，他曾一

趟又一趟地走在这条小路上。如今，仿佛在寻梦，为思念父亲而寻梦。

他们又从绍兴来到岳母居住的苏州。钱三强热爱生活，热爱故乡，热爱祖国美丽的山河。尽管他在花都巴黎居住了11个年头，但他还是认为祖国的山河最壮美。他爱苏州灵岩山之秀美，爱虎丘山之壮观，爱拙政园之多姿。在苏州，他总爱去那些青石板铺就的小巷里走走看看，那简直是人生的莫大享受。

仲夏，钱三强携妻子何泽慧和祖玄，回到了北平，回到了母亲居住的那个古老的四合院。

"回来啦，他们终于回来啦"！母亲徐琯贞拖着病弱的身体，迎出大门口。老人家眼含泪水，用一双颤颤巍巍的手抚摩着儿子、儿媳，又去抚摩孙女，钱三强再也忍不住悲痛，抱着母亲，伤心得像儿时那样号啕大哭起来。

他离开母亲已经11年了，11年来，母亲变瘦了，变老了，头发变白了。哥哥告诉他，母亲因为思念远方的三强，有时彻夜不能入眠。她老人家时常倚在窗前，凝视着西方的夜空，轻轻地叹息。

在钱三强的心目中，他的母亲是世界上最好的母亲。她是一位典型的东方女性，疼爱儿子，关心丈夫，崇敬祖先。钱三强记得，逢年过节，母亲总是把丰盛的供品一样样摆上那虚拟的钱氏祖先的供桌，神情庄重而虔诚。

就是在钱三强回到北平以后的这个中秋节的夜晚，母亲依旧坚持亲手摆放了月饼、烧肉、葡萄、鸭梨等供品。但与11年前相比，母亲的脚步迟缓了，动作不再敏捷。钱三强担心母亲不慎摔倒，走上去小心搀扶着母亲，把一样样供品摆上钱氏的"神主"龛前。

没过多久，钱三强见母亲的脸色变得越来越苍白，咳嗽也愈发厉害，他知道母亲病势加重了。一场咯血后，母亲自知来日不多，便向儿子们一一交代了家事。

母亲没有父亲那样高深的文化知识，但她从来也不皈依一种宗教。凭着一种对生命的感悟，她看破了人的生死大关。她幸福地死在了爱子的怀抱里，死得从从容容。钱三强边凝视母亲那安详的面容边想，母亲在生命最后时刻，会不会想到绍兴那个曾经出生过自己的小院呢？是否想到胡同里通向他家小院的那条曲曲弯弯的石子铺就的小路呢？事实是从那石径走过的儿子已经成人了。无疑，母亲是带着极大的欣慰走的，母亲那善良的心灵一定载着儿子业已取得的科学成就欣慰地离去了。

送别了母亲，钱三强很快走上了工作岗位，担任了北平原子学研究所所长、清华大学物理系教授。何泽慧则在北平原子学研究所担任研究员。

清华大学物理系的同学们听说与世界一流的科学家

约里奥-居里合作多年的老校友钱三强要回母校任教，个个兴奋异常，奔走相告。清华大学物理系学生会为了表达他们的喜悦之情，决定召开一次欢迎会，邀请刚从居里实验室学习工作归来的钱三强到会演讲。自然，钱三强也愿意参加这样的一次会议，以老校友的名义，与同学们讲一讲心里话。

对于这次会议的盛况，《中国新闻报》曾做过如下报道：

欢迎钱三强博士从法国归来的海报在清华大学传开来，清华大学科学馆门口随即挤满了同学，大家都以急切的心情，盼望着、等待着他们一向敬仰的钱先生的来临。钟声敲过了七点半，钱先生终于准时来临了。中等的身材，穿着朴素的西装，满面的笑容，使人一见便泛起无限敬仰。

当学生会主席略致欢迎词以后，在掌声中他站起来，开始讲话——

"第一次世界大战结束以后，人们开始认识到科学之重要，开始有了科学机构的建立。第二次世界大战，从一定意义上可以说是一次科学的战争。人们进一步认识到发展科学的迫切性。于是，欧美各国纷纷大规模充实研究机构，增加科研基金，扩大实验室。科研事业的发展，迅速地带动了教育事业的发展。

"这次，我回到祖国以后，看到国内科学界的情形与我出国前没有多大区别。各大学存有门户之见，甚至同一座学校的系与系之间也在相互摩擦。所以，十一年来，我国的科学事业依旧停滞不前，实在是让人痛心疾首。

"同学们，你们诸位是未来科学界之后备力量，我希望你们将来步入社会之后要根绝这种毛病。希望你们努力为整个中国物理学界贡献你们的知识和力量！"

听了钱三强的讲话，同学们陷入了深深的沉思，他们想到中国的科研机构和实验设备的确是太分散、太落后了，国人是该觉醒了，应该急起直追，迎头赶上。

接着，同学们向钱三强提问。

有人问："自然科学是不是超然的东西？目前科学工作者有两种态度，一种是出于发掘自然界秘密的好奇心来从事科学研究，以满足个人兴趣和求知欲望；另一种则是，科学研究之目的是为了人民大众，把科研成果服务于人民大众。请问这两种态度孰为正确？"

钱三强回答说："当然是后者更为正确。但是，从事科学研究不能急功近利。自然科学研究不是超然的，在

研究过程中夹带某种兴趣与好奇是正常现象。所以，两者并不是对立的。科学的研究要给予研究者相对的自由，这种自由不是那种政治上的自由，而是心理上的自由。"

有人问："自然科学的研究，是否以人为中心？由于科学研究领域一天天有新奇的发明，以致被某些政治家疯狂利用。为此，是否会有那么一天，因科学的发明而毁灭人类？"

钱三强答："有人说人类会因科学研究的成果而被毁灭，我想不至于。以火来比喻，燧人氏发明火时，何尝不说它是杀人的利器。但经过人类更好地利用它，就使它成为人类生活必需的东西。人类一旦知道某种东西的厉害，便会害怕它，回避它，而不会妄自利用它来残杀人类。"

钱三强的这次谈话，反映了他在约里奥-居里这位大师的影响下，逐渐形成了正确的人生观和世界观。所以，在清华大学同学中产生了强烈的反响。从此，钱三强在清华大学成为最受欢迎的年轻教授。每当同学们听说是钱三强先生来上课，都很兴奋。钱三强授课时，讲起话来吐字非常清楚，声音开始非常舒缓，渐渐转为高昂。他那炯炯有神的目光照临整个教室，严肃亲切，朴实无华。同学们赞美钱三强是一位很有责任感的教授，是大家的良师益友。

钱三强任教不久，便急火火地去找当年清华大学的校长梅贻琦，说："我们国家的原子科学，与世界先进国家比较，落后了几十年，应该把全国的人才联合起来，拧成一股劲，拼命地追赶才行啊！"

梅贻琦看着眼前这位血气方刚的年轻教授，叹息地说："你的意见是对的。但是，目前的状况是各立门户、各自为政，唉，有谁能够把这些人才团结在一起呢？"

钱三强凭着他那股牛脾气，又转身去找当年的北京大学校长胡适，提出了同样的问题。胡适这位名教授摇了摇头，无能为力地说："目前国内的情况是，门户之见，根深蒂固。北平有一个摊子，南京有一个摊子，若把几方面的人拢在一起团结合作，难以办得到啊，还是各尽其力吧！"

钱三强依旧不甘心，他又去找北平研究院的李书华副院长，希望北平的三个单位能够联合起来，加强协作。这位副院长的回答是："还是先各干各的吧，等在一定时期开一开学术讨论会还可以办到，其他想法怕是不易办到的。"

几处碰壁之后，他只好把全部精力放在培养人才的事业之中。他除在清华大学授课以外，还每周开办一次核物理学讲座，任何人都可以自由听课。与此同时，他请北京大学出版社翻印了三本有关原子核物理学的文献。

这是钱三强从法国带来的。以后，这三本书竟然成了新中国原子核物理扫盲班的基本教材。新中国一批又一批核物理学家就是先嚼烂这三本书才走向原子世界前沿阵地的。

北平和平解放以后，那是1949年3月下旬的一天，钱三强接到了一个不寻常的通知：军代表派他参加新中国成立前派出的第一个代表团，到法国巴黎出席世界和平大会。代表团团长就是后来不久出任中国科学院院长的著名学者郭沫若。

这个代表团集中了一批学者名流，其中有教育家马寅初、社会活动家张奚若、经济学家钱俊瑞、历史学家翦伯赞、剧作家田汉、画家徐悲鸿、诗人萧三、京剧演员程砚秋、女社会活动家李德全、古人类学家裴文中、

1958年建成的工物馆

翻译家戈宝权等等。能够结识这些在各方面都颇有建树、知名度很高的老前辈，是值得庆幸的事情。

钱三强还想到自己作为一名核物理学家，在法国学习和工作了11年，这次重返法国，应当为将要诞生的新中国做些什么呢？

次日，他迫不及待地找到代表团的副秘书长丁瓒，直率地说出了自己的心愿："这次咱们去巴黎参加和平大会，能否设法带上一些外汇？我想托我的老师约里奥-居里先生帮助购买一些核科学研究所需要的仪器设备和技术资料。机会难得，因为在法国有约里奥-居里先生的疏通，而其他别的国家是不可能卖给我们这些高科技设备的。"

"估计需要多少钱"？

钱三强默算了一下，说："带上20万美元，怎么样？"

"什么，20万美元"？丁瓒惊诧地问道。

钱三强自知出口太冒失，赶紧解释说："核物理科研实验设备，都很昂贵，是要花大钱的呀。我先跟你商量，如果觉得不妥当，就不要向上反映了。"

丁瓒表示，意见还是要向上反映，但怕是很难办得到。

钱三强谈了自己的建议以后，心中忐忑不安，埋怨

自己书生气太重，没有顾全大局。

意想不到的事发生了。就在代表团准备启程的前三天，钱三强接到了来自中南海的电话，通知他去一趟中南海。

中央统战部部长李维汉，在中南海接待了钱三强。他热情地招呼道："钱三强教授，你的名字我早就听说了。你在法国的科研成就，也是我们这些留法学生的光荣啊！今天约你来，是商量一下你的建议。中央领导研究过，周恩来同志认为你的建议很好，表示给予支持，决定先拨出5万美元，由你到法国使用。用款时你和代表团秘书长刘宁一商量着办就行了。"

好消息来得太突然了。钱三强心如潮涌，泪眼模糊。

原来这笔美元，是军代表在接收北平旧银行时，从一个金库的暗角里发现的，数一数，不过十来万。这就是新中国数额较大的一笔外汇。尽管当时国家极需大量外汇，但是，在周恩来同志的关怀下，还是批给钱三强5万美元专款，请他去巴黎时，设法购买一些供核研究用的仪器设备。

当年，即将诞生的共和国百废待兴，在外汇极端贫乏的情况下，能拨出这么一笔外汇去购买核研究的设备，也足见共和国开国元勋们的远见卓识。开国元勋们想到了，想到以这5万美元为资本，未来便可创建一个制造数十颗小太阳的伟大工程，自然也能为新中国确立世界大国的自信与尊严。

那时，西方对我们实行全面封锁。法国当局不准中国代表团入境。

约里奥-居里临时决定，在捷克斯洛伐克的首都布拉格设立会议分场，用广播器把长途电话声音扩大，将主会场的声音传到分会场。

1949年4月20日，世界和平大会开幕。

主会场开幕式，设在巴黎圣奥诺雷城关大街的普莱耶尔礼堂。主席台上坐着约里奥-居里，还有《和平鸽》宣传画的作者毕加索，以及诗人、作家阿拉贡等杰出人物。

在布拉格分会场的上席台上，坐着郭沫若和其他东欧国家代表团团长。

大会开始以后，扬声器里传来了一个非常熟悉的声音，那是约里奥-居里先生在开幕式上发表讲话。

约里奥-居里先生首先对法国当局拒绝中同代表团入境，表示强烈愤慨。他说："真理的旅行是不需要签证的！"

这是一个法国的正义科学家公然对西方国家的蔑视，是对各国渴望和平人们的极大鼓舞！

主会场和分会场共72个国家的代表响起了经久不息

的热烈掌声。

过了好几分钟，又传来了约里奥-居里的声音："我很荣幸被推举为世界科联的副主席。世界科联热烈支持这次大会的召开。"最后他说："不能用消极的和平主义来表达我们的和平愿望。对那些还没有认识到战争危险的人们，我们应向他们指出这种危险性；对于那些像我们一样愿意保卫和平的人，我们要给他们提供方便；对那些明知战争危险而偏要战争的人们，我们要坚定而冷静地告诉他们：我们是要和你们清算的。我们呼吁一切善良的人们起来避免战祸。要充分认识到我们自己的力量，要相信在这场斗争中，我们必将胜利。"

开幕式结束后，主会场的布法罗体育场举行了群众大会。数以万计的人们向主席台上的约里奥-居里鼓掌致意。

钱三强为自己的老师英勇不屈地献身于世界和平事业感到无比自豪，对中国的和平事业充满信心。

晚上，中国代表的房间里，灯火通明。

郭沫若走到钱三强的房间，高兴地说："今天，真是大快人心！这次会议，其意义不可估量。你的老师是世界和平的一面大旗，敌人一定会闻风丧胆。"

钱三强点点头，无比自豪地说："我的老师为了真理和正义，一贯旗帜鲜明，无所畏惧。"

钱三强

"一位伟大的朋友，不仅是中国的，同时也是全世界的"！郭沫若对约里奥-居里先生充满敬意。

会后，钱三强通过可靠关系，把带去的美元转交给了约里奥-居里，这位中国人民的朋友毫不犹豫地为即将诞生的新中国购买了第一批核物理实验仪器，为打破西方对我们的封锁、为中国的核事业作出了宝贵的贡献。

盯住世界先进水平

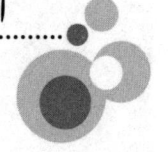

人们称钱三强那双温厚的大手，紧紧地握住了一个又一个核科学家的手，那样真挚、亲切、随和。于是，一个团结、和谐的核家族就这样形成了，一个满门忠孝的核家族就这样形成了。

在中华人民共和国诞生一个月之后，中国科学院成立了。钱三强与何泽慧受命筹建近代物理研究所。国家百废待兴，他们的筹建工作也遇到了种种困难。新建的研究所，连钱三强和何泽慧在内总共只有五个人，在北京皇城根一个四合院里办公，连最简单的仪器都没有。旧社会留下的只是一片废墟，再加上超级大国对新中国的全面封锁……

怎么办？这两位在法国因发现铀核"三分裂"和"四分裂"而蜚声海外的核物理学家夫妇——钱三强与何泽

慧一起，每人骑了一辆自行车跑遍了北京的旧货店和废品收购站，寻访一切可以利用的旧五金器材、旧电器元件。资质聪颖的何泽慧一丝不苟地绘制出图纸，心灵手巧的钱三强动手制作。他们先是造出了两台车床，接着便利用这两台车床制造出了他们所急需的仪器设备。

那是一个物资和人才极度匮乏的年代。钱三强求贤若渴，到处登门拜访招募良才。何泽慧则在那个四合院里为几个年轻人开办了原子理论的扫盲班。夜间，他们夫妇共同备课；白天，他们夫妇轮流主讲。用这种最基础的办法，为新中国未来的原子世界培养人才。

一年前，钱三强曾向胡适和梅贻琦教授呼吁："要把全国的人才联合起来，拧成一股劲，拼命把核物理研究搞上去！"当年，他碰壁了。如今，轮到钱三强身体力行了。他认为中国核物理要起飞，必须有领头雁。由谁来担当这领头雁？他想到两个人：王淦昌和彭桓武。

1949年冬季的一天，浙江大学物理系主任王淦昌教授收到了一封发自北京的信。信的内容是邀请他到中国科学院近代物理所从事核物理研究工作，发信人署名：钱三强。

王淦昌教授作为钱三强、何泽慧的同行，早在20世纪40年代末，就在报纸上见到了关于钱三强、何泽慧发现铀核"三分裂""四分裂"的报道。他们都是清华大学

的校友，但在钱三强入学时，王淦昌早已毕业了。

钱三强在1949年春天参加筹备全国自然科学工作者代表大会时，就遇见过浙江代表王淦昌，对他的言谈与见解有很高评价。钱三强给王淦昌写信，请他北上合作，是为了中华民族的崛起而寻求志同道合的合作伙伴。

王淦昌1930年留学德国柏林大学，获博士学位。钱三强也深知王淦昌在核物理研究方面的成就。

喜遇知音，二人一拍即合。王淦昌从心里佩服钱三强这种开创事业求贤若渴的品格。

1950年4月，两位核物理学家——王淦昌和钱三强的手紧紧地握在一起了。事业作为友谊之桥，使他们成为开创我国核物理学研究，进而发展原子能事业的同事和挚友。

在给王淦昌教授写信的同时，钱三强来到了清华园彭桓武教授的家中。他们也曾是清华物理系前后班的同学，彭桓武比钱三强高一班。

钱三强这次访友，有明确的目的：动员彭教授到近代物理所专职从事核科学研究工作。

彭桓武早年留学英国，曾先后获得哲学博士和科学博士双学位，是当时第一个在英国取得副教授职称的中国人。他在理论物理方面造诣很深，解决数学问题的本领很强，善于联系实际。钱三强根据他的老师约里奥-居里先生组织原子能总署的经验，深知能够联系实际的理论物理学家的重要性。这次他是前来请"诸葛"出山的。以后的事实证明了钱三强的正确预见，彭桓武教授果然在我国成功研制原子弹、氢弹的工作中，作出了重要贡献。

钱三强的指导思想是：聚集人才，是开创事业至关重要的一环。在发现人才、使用人才问题上，他向来都是严肃认真的。新中国诞生以后，大批爱国知识分子满怀报国之情回来了。中国科学院近代物理所总是敞开大门，欢迎一切有识之士。学核物理的，学放射化学的，学与此相关专业的，一批又一批地向这里汇集。在他们中间有实验核物理学家、宇宙线和加速器专家赵忠尧（钱三强在清华大学读书时的老师）、萧健、杨澄中、陈奕爱、戴传曾、梅镇岳、张文裕、汪德昭、谢家麟、李整武、郑林生、丁渝、张家骅；理论物理学家邓稼先、胡宁、朱洪元、金星南、王承书；放射化学与理论化学家杨承宗、郭挺章、萧伦、冯锡璋；计算机和真空器件专家夏培肃、范新弼等。这批科学家与钱三强、王淦昌、彭桓武、何泽慧等一起，成为我国核科学各个领域的带头人、领头雁。

光有领头雁还不够，还要有一个大雁群。于是，钱三强开始通过各种途径，向国内外招兵买马。

近代物理研究所还根据钱三强聚集人才的指导思想，在高等院校、科研单位中，调了一批专业对口或专业相近的科技人员。他们是金建中、李寿楠、忻贤杰、黄祖洽、陆祖荫、于敏、叶铭汉、徐建铭、何祚庥、胡仁宁、唐孝威等。

核工业部研究生院院长、为开展我国放射化学工作做出过重要贡献的汪德熙，在回忆我国核科学技术发展的历史时，曾深有感触地说："钱三强同志很有功力，胸有成竹，知道发展这一事业所需要的一切。回顾我国核科学技术取得的成就，便十分清楚钱三强同志的贡献。他不仅在创业初期注意聚集人才，而且十分注意学科配套。可以这么说，当中央决策要研制原子弹的时候，我们的人才储备和学科储备，都已有了一个很好的基础。钱三强同志还善于发现和恰当地使用人才，适时地把有才华的科学家推上学科带头人的岗位。有了人才和学科储备，这就给后来的事业发展，奠定了坚实的基础，做到顺理成章，水到渠成。"

到1955年，近代物理所已从原来的十多个人，增加到一百多人。在聚集人才的基础上，钱三强又根据周恩来总理的指示和事业发展的需要，开始有计划地抓人才的培养，安排了很强的力量，先后协助北京大学、中国科技大学办起了技术物理系、原子核物理系和放射化学系；同时，支持清华大学办起了工程物理学，他亲自授课。为我国核科学和核工业的崛起，造就了一批又一批后备军。据不完全统计，当年聚集到近代物理所周围的科技工作者，后来被遴选为中国科学院院士的就有三十多位。

更值得提出的是，当年有许多核科学家，明知走进那神秘的原子世界，就意味着艰难险阻和与世隔绝。可是，许多年轻的科学家却主动请缨，乐意步入这个以钱三强为带头人的原子世界。

凡有科学家来访，钱三强都乐意接见，每每有人登门求教，他总是亲自开门迎接，含笑点头，并道一声"请"，便就座交谈。既不失大科学家、大学者风度，又使人觉得可亲可敬!他有一颗对同仁、同事特别是对年轻科学家深切关怀的慈爱之心。一位年轻的科学家找到他，请他题字。他略加思索，写下了下面的一句话："你要想到，你首先是一个真正的人，然后才是一个真正的科学家。"

科学家们相聚伊始，钱三强便谆谆教导年轻的科学家，要正确对待自己，要珍视科学，珍视人生，做一个真正的人，做一个真正的科学家。

有人说，人们敬仰钱三强，甘愿聚集在钱三强所带动的原子世界里，不仅仅是敬仰他在原子科学领域里举世瞩目的成果，更重要的是敬仰钱三强的人格魅力。人们注意到，钱三强的脸上总是盈满慈祥的笑容，像一阵春风，温暖着人们的心。钱三强那双温厚的大手，紧紧地握住了一个又一个核科学家的手，是那样真挚，那样随和。他那明亮而温和的目光里，总有一种使人备感亲切的魅力。

这就是钱三强。这就是钱三强能够聚集众多优秀核科学家的秘密所在。

后来，人们称这是一个忠孝满门的核家族。

新中国的原子能事业像一块磁铁，把有志之士从四面八方吸引来了。几年之间，数十位有造诣、有理想、有奉献精神的科学家，从美国、英国、法国、德国、苏联和东欧纷纷回国，聚集到了近代物理研究所。这些莘莘学子，为原子能事业而来，慕钱三强之名而来，一批又一批。

皇城根脚下那个古老的四合院，显得拥挤了。这个四合院，是典型的民族形式的古老建筑，大屋脊，木质结构，古雅的灰墙。四合院内古木参差的群绿，在雨后春阳的辉映下，洋溢着一股春的勃勃生机。青年学子们，在这古老的四合院里，呼吸到的都是20世纪50年代的清新气息。

钱三强亲自跟年轻人谈心，给他们讲故事，要求他们多一些献身精神。他喜欢将生动的传记故事讲给年轻人听，以求在青年人心目中树立起他们所崇拜的偶像。他不止一次地给青年学子们讲述居里夫妇的故事，给年轻人讲述世界上第一颗原子弹诞生的秘密，讲述奥本海默的故事。他说：

"奥本海默被称为'原子弹之父'，1941年，他在美国的墨西哥州开始了研制原子弹的'曼哈顿工程'。

"奥本海默在青少年时代埋头读书，学习各方面知识如饥似渴。为了增长更多的知识，他几乎没有节假日。一个暑假，他用六个星期，学完一个学年的化学课程。他模仿大人谈吐，参加大人们的时事讨论会，他学着写诗，将自己用法文写的诗译成希腊文，再译成意大利文，

左起葛庭燧、何怡贞、何泽慧、钱三强。

并力图保持原来的韵味。当他以第一名的成绩从中学毕业以后，他父亲带他去欧洲旅行。他们走遍了希腊、意大利、德国、法国、荷兰和英国。奥本海默从不着意游山玩水，而是热心于采撷岩石标本。即使他登临比萨斜塔，也在测试自由落体的轨迹。他在欧洲写生绘画，为各种建筑式样作出详细的注解，并推断历史风尚对建筑结构和风格产生的影响。

"1942年，奥本海默到新墨西哥州负责原子弹基地的建设工作。由他率领的一支核专家队伍历时三年，为美国造成三颗原子弹。"

钱三强就这样以发生在原子世界的生动故事，把青年学子渐渐地引入到那个神秘的原子世界，从而引导年轻人向世界瞩目的核科学技术进军。

钱三强在居里实验室从事核物理科研事业11年，11年的实践经验告诉他，发展我国的核科技事业，必须两翼齐飞，一是要培养科技人才，二是要筹措实验设备。当科研人才的聚集初见规模后，他立刻分几路兵马筹措他们所急需的实验设备。

与此同时，我国的地质工作者通过对铀矿的普查，已在西北、中南、华东等地发现了放射性异常点二百多处，其中有价值的矿点11处，为进一步勘探和提高铀工业储量打下了良好的基础。

不久，中国第一座重水核反应堆建成了。重水作为中子减速剂，使原子核裂变的链式反应能够有控制地持续进行。

紧接着，中国第一台回旋加速器也建成了。

这两大件有了，钱三强终于舒了一口气。他从进入核科学领域的那天起，就盼望在自己的国家建成这些设备。

他为此不知道付出了多少心血，不知道越过了多少艰难险阻。

那是1953年，他第一次率领代表团访问苏联。一天，安排参观原子核科学机构，陪同做介绍的是当年在居里实验室的同事斯柯别里琴院士。

为了方便起见，钱三强与主人时常用法语交谈。

"中国要是建原子反应堆，你认为苏联会援助吗"？

"这个……恐怕得由最高层领导来决定"。斯柯别里琴谨慎地问答。

"回旋加速器呢"？

"这个嘛，还可以考虑"。斯柯别里琴说，"不过，我们做不了主。你知道，这两种设备，对发展原子能是关键"。

但是，没过多久，钱三强带领中国原子世界的同事们依靠自己的力量终于建成了自己的原子反应堆，建成了自己的回旋加速器。他终于如愿以偿了。

1954年8月,国防部长彭德怀元帅要率领军事代表团访问苏联。临行前,他约请钱三强到住地攀谈。二人一见面,彭德怀便开门见山地说:"欢迎,我们的原子专家。我们将要去参观苏联的核爆炸试验,今天拜你为师,学点知识,为了不闹出笑话。"

彭德怀与钱三强并肩坐在一张长沙发上,说:

"让我先给你讲一个在延安闹笑话的故事吧。那是1945年,美国刚刚在日本投下了原子弹,一个外国记者问我:'美国在广岛、长崎投下了两颗原子弹,威力是毁灭性的,给日本造成的损失太可怕了,实在无法形容,你听说了吗?'

"我就反问那位记者:'有这桩事吗?我怎么不知道呀!'

"记者根本没有领会我的意思,惊叫了起来:'哎呀呀!你怎么这样闭塞,这样无知,连这么大的事都不知道?'

"我还是不急不慢,笑着对那位记者说:'不是我不知,而是你太愚蠢了,连我说话的意思都理解不了。'"

说到这里,彭德怀哈哈大笑道:"要说我对原子弹无知,那是一点也不假。不但那时无知,现在也知之不多。"

钱三强知道一个斯大林与原子弹的故事,今天知道了彭德怀也有类似的经历,觉得很巧合。他想把斯大林的故事讲给彭德怀:"彭总,您知道不,斯大林与原子弹也有一段故事哩。你想听听吗?"

彭德怀直率地说:"那就讲一讲吧!"

这时,服务员为钱三强送来一杯茶,彭总说:"先喝茶,故事可以慢慢讲,今天我正好想听听核专家给我讲故事。"

钱三强呷了一口茶,润了润嗓子,为彭总讲了当年那个鲜为人知的关于斯大林与原子弹的故事——

故事从第二次世界大战期间美国的核讹诈说起。

美国是世界上进行核研究最早的国家之一,1942年建成第一座核能反应堆。

还是美国,于1945年制成第一批共二枚原子弹。

又是美国,于1945年7月16日5时30分在阿拉默米尔多试验场爆炸了第一颗原子弹。就在这一天,苏、美、英三国首脑斯大林、杜鲁门、丘吉尔聚集于波茨坦举行三巨头会议。

会议休息时,杜鲁门神气活现地出现在斯大林面前,笑眯眯地说道:"大元帅,我想告诉你一件事,我们美国已经制造出一种新武器。"

对于杜鲁门宣布的这条爆炸性新闻,斯大林似乎无动于衷。

于是,杜鲁门不得不提高嗓门,想制造一种轰动效应。他高声说道:"大元帅,我想要告诉你的是,这种武器非同寻常,它具有难以想象的破坏力。"

斯大林依旧木然地吸着他的大烟斗。

杜鲁门原以为这条消息会使斯大林大吃一惊，遗憾的是，那位格鲁吉亚人，那位"乔大叔"，竟然迟钝得像个聋子，或者像个哑巴！

就杜鲁门的用意，他向斯大林宣布这条消息，不单是想威胁苏联领导人，也想愚弄他的最亲密的盟友头目丘吉尔。他一直吊着丘吉尔的胃口，直到7月21日会议之后，杜鲁门才命他的助手史汀生让丘吉尔阅读了美国原子弹爆炸的有关文件。史汀生在1945年7月22日的日记中这样写道：

丘吉尔读了"曼哈顿工程"的报告全文。他告诉我说，他在昨天三巨头会议上就注意到杜鲁门因发生了某一种事情而表现得更为坚定。他以最有力和最果敢的态度，挺着腰板对付俄国人，告诉他们某些要求是他们不能得到的，也是美国坚决反对的。他说："现在才知道杜鲁门昨天发生了什么事。当时对于这一点我未能理解到。在去参加会议之前，杜鲁门先读了这份报告，所以他变成了另外一个人。他在会议上告诉俄国人应该这样做，应该那样做，基本上操纵了整个会议。"丘吉尔说，他现在知道了杜鲁门的勇气从哪儿来，而且他同样也感到有了勇气。

史汀生的这篇日记，明明白白地证明了早在第二次世界大战期间，美国人便把原子弹和外交结合在一起了。难怪以后美国的历届总统一再重复：核试验的音响效果，就是他们外交政策的语言。

其实，斯大林当时不聋也不哑。殊不知，苏联早已得到了美国"曼哈顿工程"的情报。斯大林在杜鲁门面前的沉默，正是他钢铁般的意志和必胜信心的表现，这是一个伟大民族、一个伟大国家的尊严。

后来的情况说明，当杜鲁门在波茨坦会议上对斯大林进行核讹诈时，苏联早已开始了他的"鲍罗金诺工程"——

当年，苏联的回旋加速器已经运转了好几年了。

当年，苏联已经俘虏了一批德国籍的核武器专家。

当年，苏联已经从西方获得有关原子弹制造的情报。

当年，苏联已将德国的核设备运到了苏联本土。

斯大林在波茨坦会议之后，立即在黑海的索契召开了如何对付美国核垄断的紧急会议，制订出了研究核武器的应急计划。斯大林亲自命名的"鲍罗金诺工程"，加快了研制步伐。

"鲍罗金诺",这是1812年俄军大败拿破仑的古战场。斯大林以它来命名,用意是十分深远的。

就在波茨坦会议结束二十天之后,美国把当时仅有的两颗原子弹用飞机分别投向了日本的广岛和长崎,造成了二十多万日本平民的惨重伤亡。

1945年10月,在五国外长会议期间,美国国务卿贝尔纳斯出现在会议上,态度更加骄横。苏联外长莫洛托夫便嘲讽地问道:"国务卿先生,你口袋里是不是装来了一颗原子弹?"

贝尔纳斯有恃无恐地回答说:"如果你还继续拖延时间不谈正事的话,我就从口袋里拿出个原子弹来叫你尝尝!"

美国政府还于1946年以盟主的身份,邀请一些国家政府的要员到马绍尔群岛去观看比基尼岛上的核试验,企图使外国人从核爆炸的音响效果中,领略美国政府的外交语言。

时间过去了三年多以后,苏联于1949年春季研制出第一颗"铁克瓦"(南瓜)——原子弹。

紧接着,于当年的8月29日凌晨4时,苏联在自己的本土谢米色伐拉斯克附近成功地进行了代号为"珀瓦当穆尔尼亚"的原子弹爆炸试验。

苏联的原子弹爆炸是闪电式的,被美国人称之为斯大林原子弹。其爆炸力为 21 万吨 TNT 当量，远远大于美国第一颗炸响的原子弹。于是，苏联便成为世界上第二个拥有原子弹的国家。

时间又过去了近三年，美国于 1952 年试验氢弹成功。于是，美国人再一次面对全世界人拍自己的胸口，继续他的核讹诈。

故事讲到这里，钱三强用铿锵有力的声音说道："美国的好景不长。就在美国氢弹爆炸的烟尘还没有散尽的时候，苏联也造出了氢弹。时间仅相隔两个月。"

彭德怀非常认真地听完了钱三强讲的上面那个长长的故事，他担忧地说："原来从第二次世界大战末期便形成了美、苏两个超级大国进行核军备竞赛的局面啊！"

接着，他叹息地说："唉，中国人民面临着严峻的国际形势啊！"

朝鲜战争期间，美联社曾发出电讯稿称：杜鲁门曾说，一直在考虑使用

1964 年 10 月 16 日，中国第一颗原子弹在罗布泊爆炸成功。

原子弹的问题。是否使用原子弹，何时使用原子弹，由战地的美国军事领导人决定。

钱三强呷了一口茶，接着说下去："因为当时苏联也拥有原子弹，而英、法两国议会害怕打起原子战争，自己吃亏，故万分恐慌，坚决反对美国政府冒险。美国政府的核讹诈遭到本国人民和世界人民的反对，所以朝鲜半岛才避免了一次核战争。"

说到这里，彭德怀气愤地说："为了对付美帝国主义的核讹诈，咱们中国人也要争口气，搞出自己的原子弹。"

这时，彭德怀亲切地凝视着钱三强说："要争这口气，就看你们这些核专家的了。听说你们干得还不错嘛！"

钱三强向彭德怀汇报说："目前已经形成的核科学基地，只是迈开了第一步。但是，我们的眼睛一直盯住世界先进水平的目标，准备长途跋涉。"

只见彭德怀眼睛一亮，伸出那双温厚的大手，紧紧地握住了钱三强的手，说："好，一言为定，你们这些核专家盯住世界先进水平，尽管往前迈，我这个国防部长当好你们的后勤，我就不信，咱中国人赶不上他们西洋人！"

就这样，国防部长的大手同核科学家的大手，紧紧地握在了一起。许久，许久。

"东方巨响"

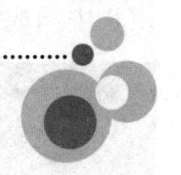

1964年10月16日,中国第一颗原子弹爆炸成功了!西方人称之为"东方巨响"!

当年,共和国处于危难之中。

北边的霸主,断然撕毁协议,要置中国核事业于死地。西方霸主也蠢蠢欲动,要使中国的核科学研究"绝育"。美国派U-2王牌飞机,紧紧盯住内地和沿海各地打转儿。每个月平均有三四次,他们特别不放过西北部的每个角落;转完了西北,再经西南上空折返台北桃园基地。

9月9日,新华社发表消息:"一架U-2飞机在华东上空侦察时被我军击落。飞行员陈怀生,在飞机坠毁时受重伤,送医院途中死亡。"

与此同时,美国情报部门还在我国周边地区布设了二十多个监听站,二十多个测向站。

美国的战略是:"使中国共产党人在核科学研究方面'绝育'。"

这个战略的总指挥,是他们的总统肯尼迪。肯尼迪对情报部门的负责人说:"原则上不管用什么手段,必须阻止中国成为一个有核国家,因为中国拥有核武器,将

1967年6月17日,中国在西部地区上空成功地爆炸了第一颗氢弹。

使美国面临空前的危险局面。"

肯尼迪又说:"在中国没有成为一个'羽毛丰满'的核国家之前,我们现在要采取能够削弱这一危险前景的措施。"

处在严峻形势下特殊位置上的钱三强,承担着特殊的使命。

严峻的现实告诉我们原子世界的带头人钱三强:路必须靠自己走,而且要坚定地走下去!

从此,我国一批科学技术工作者,开始走上了令人难忘的"秘密历程"。

开头,钱三强把原子能研究所的两位副所长、著名科学家王淦昌和彭桓武,送上了"秘密历程"。他们分别担任了核研究院副院长兼第二、第四技术委员会主任。这是钱三强请两位大师第二次出山,钱三强第二次将两位大师送上核战线的最前沿阵地,两位大师成为我国研制原子弹、氢弹的重要学术带头人,他们为"两弹"和战略武器的研制作出了重要贡献。

要研制原子弹和氢弹,工程力学方面的专家必不可少。这时,钱三强慕名去找当时担任中国科学院力学研究所所长、著名力学家钱学森商量,问他谁是承担核武器爆炸力学工作最合适的人选。钱学森毫不犹豫地推荐了他的合作者、力学所副所长、著名应用力学家郭永怀。

郭永怀1935年毕业于北京大学物理系，1940年到美国留学，在当代空气动力学大师冯·卡门指导下从事研究工作。1945年他以优秀论文获博士学位，并和钱学森一起提出"上临界马赫数"概念，博得世界公认。1956年郭永怀归国，是我国近代力学事业的组织者和奠基人之一。郭永怀也是第二次出山进入"秘密历程"之后，担任了原子弹研究院副院长兼第三技术委员会主任。他和王淦昌、彭桓武等老一辈科学家一起，坚持在第一线指导青年科技人员进行技术攻关，在原子弹的总体设计、环境试验和飞行试验等方面，作出了重要贡献。郭永怀为核事业鞠躬尽瘁，最终奉献了自己的生命。

这一天，彭德怀、陈毅两位老帅来到了这个被称为"6号院"的地方。当这两位老帅听说王淦昌、彭桓武、郭永怀三位科学家，在三天内奉召赶来参加原子弹攻关，深受感动。陈毅同志紧紧握住王淦昌的手，说道："好，有你们这些一流的科学家撑腰，我这个外交部长就好当了！"

同一天，周恩来总理也到"6号院"来看望大家。他看到"6号院"这些洋溢着虎虎生机的年轻人，非常高兴。他对邓稼先说："你们都这样年轻，很有希望嘛！你这个'娃娃头'可要把他们带好啊！"

"他们都很能干，也很要强。我和他们一起，共同学习，互相帮助"。

"对，搞这样的工作，尤其要互相协作，依靠集体的力量。"周总理鼓励说。

1960年的7月28日，核工业部副部长钱三强把邓稼先邀到他的办公室，开门见山地说道："原子弹的理论设计，要由你领导的那个研究室来承担。"

邓稼先，这位昨日的苏式原子弹的仿制者，今天，被历史选定为中国第一颗原子弹的理论设计负责人。他深深地理解钱三强交付给的任务的含义，便顺从地点了点头。

当年，钱三强对原子弹理论设计有个形象的比喻，叫"龙头"的"立方"。他认为，不抓"龙头"，原子弹造不出来。也就是说，要制造原子弹，首先必须拿出一个理论设计方案来。这好比要建造一座高楼，首先必须拿出一张图纸来。

制造原子弹的这张图纸该怎样拿出来呢？当时的邓稼先面对的是一片荒原。但是，他必须带领年轻人向着这片荒原进军。邓稼先感到了责任的重大，感到了肩上的压力，也预感到未来路程的艰难。

邓稼先要做的第一件事情，便是与钱三强一起，整理一份秘密文件。这份秘密文件就是宋部长收藏起来的那位苏联专家组长的讲课记录。

几个记录本，都是用十分潦草的字迹笔录的极不连贯的话语，有的还是一些代用的符号。画的图则更歪歪扭扭，简直像巫师画的鬼符。所以，邓稼先整理这份文件就像是破译天书、鬼符。倘若没有厚实的有关科学知识，没有十二分的耐心，恐怕连看都看不下去，更不要说将它们整理出来。不过，好在当时有钱三强在场，钱三强听了苏联那位专家组长的讲课，因为有钱三强相助，终于整理出了一份颇有价值的文件。

后来，由口才极好的钱三强系统地阐述了这份文件的基本内容。人们听了这次讲话，普遍感到受益匪浅。

20世纪50年代，钱三强、竺可桢等中国科学院领导在一起。

当年，钱三强主抓的制造原子弹的四个前沿阵地是理论部、实验部、设计部和生产部，这四个部被称作原子弹研制的"四匹马"。这四匹马共同承担着一个伟大民族、一个伟大国度能否自立自强的沉重负载。在那艰苦的岁月里，钱三强驾驭着这四匹马在崎岖的道路上艰难地行进。

　　开始，他们用数学手段模拟原子装置轰爆的全过程。

　　从黎明到深夜，这里到处是一片繁忙的景象。然而，工作效率却与他们付出的劳动很少相称。那架老爷式的旧电子计算机，虽然噼噼啪啪敲个不停，但每秒钟的运算能力不超过十次。后来，增添了一台"乌拉尔"，还得用手摇，算个除法，需要分几步走，要是算开方，还得查巴罗表。八个小时计算，八个小时琢磨预案，一个月才能算出一个结果。如今，我国研制成功的"银河"亿次机，每秒运算十亿次以上，半天便可以算出三个大型科研课题。当年他们那些家当，可能还比不上今天中小学生手里拿着玩的"卡西欧"计算器。

　　由于设备既少又落后，只好拼力气。他们"三班倒"着上机，做到"人闲机不闲"。就这样，还是跟不上科研进度。邓稼先便和大家一起，用计算尺和算盘辅助计算。于是，那幢灰楼的房间里又发出噼噼啪啪的算盘声，几乎昼夜不停。

随着科研的进展，计算使用过的草稿纸装满了一麻袋又一麻袋；那些麻袋堆满了一个房间，又一个房间……

然而，那正是饥饿的岁月，当然，也是奋斗、开拓的年代。

食堂的饭碗由大碗变成小碗，每人每天嚼一颗"大力丸"，这就是"特供"。昔日砍高粱、盖楼房的年轻人开始浮肿了。他们常常在紧张的运算之后，有气无力地呼唤着："我们饿，我们好饿呀！"

一天上午，年轻人和专家们共同讨论一个"方程式"，一直到中午快一点了才结束。一点半还要上班，中午饭还没得吃呢！这时，食堂通知大家到餐厅用饭，因为钱三强副部长来了，要食堂给大家改善一下。

所谓"改善"，就是每个人有一小盘炒白菜，上面顶着手指头那么大的一块罐头肉。年轻人一看那块肉，眼睛就亮了，大声欢呼起来："托钱部长的福，我们有肉吃了！"

这些事，对于今天的年轻人来说，无异于"天方夜谭"，但这却是千真万确的。那是一种什么精神啊！

原子世界的科研大军逐渐在扩大。那座灰楼和后来盖的红楼，都住满了。后来分配来的几十个大学生没有房子住，只好住在郊区农民开的小客栈(实际上是骡马大车店)，不久，许多年轻人身上便长了虱子。

此事后来被敬爱的周恩来总理知道了。他老人家难过得流下了眼泪。他对刘西尧说:"这是我的过错,我对不起这些年轻人。我们没能让这些攻关的勇士们吃饱肚子,这就够让我心里难过的了,难道还能让虱子再去吃他们吗?"

周总理亲自给友谊宾馆的经理打电话,让他们腾出几间客房给没房住的年轻人住,并且每天要用大轿车接送他们。

十六年后,天安门广场数十万人悼念周总理英灵,这些当年因长虱子被周总理挂念的年轻人从大西北核基地赶来送花圈。

"饿鬼"常来干扰,但年轻人依旧没日没夜地拼命干。当时的九院院长李觉将军心中很是不安,几次下命令,限大家晚上10时以前必须停止运算。这些青年科学家执行上级的指示原本是很严格的,可这时对于李院长的命令在执行上却打了折扣,多数情况下不能做到。李院长不得

不下死命令，命令研究室负责人必须在夜间10时准时关灯，赶人，锁门。可是，这死命令也没有治住这帮年轻人。锁门时他们做了手脚，研究室的门锁了，不久又开了，灯又亮了……

后来，这些人回忆当年的情景时，无不自豪地说："那是灯火辉煌的年代！"

那是辉煌的年代，也是艰辛的年代。生活的艰辛，登攀的艰辛，一股脑地向这个英雄的群体袭来。人们冲上去了，挺住了，创造了辉煌。

当年有人赞誉说：在中国研制"两弹"的进军中，钱三强率领的那支核科学家队伍，可说是"满门忠孝"。

一位曾经跟随钱三强奔走于长城内外、大江南北的同志向记者介绍说，当时钱三强终日带着一个黑色皮包，包里装的都是攻关课题。每到一个对口的科研单位，都要召开秘密会议，向有关人员介绍"59·6"任务，为"59·6"寻求合作伙伴。那时，哪一个研究室，哪一个课题组，哪一个科技人员，只要被"相中"，无不感到幸运，仿佛谁和"59·6"沾边，谁就光荣。

研制为原子弹点火的中子弹，迫在眉睫。

钱三强很快便想到了所里一位年轻的化学工程师王方定。

这一天，钱三强把王方定叫到自己的办公室，亲自布置任务。他说："小王，研究原子弹点火装置，需要尽快过关。这个任务时间紧，担子重，调你去做，你看怎样？"

小王禁不住一阵紧张。他想，为了"59·6"，所长调去了著名科学家王淦昌、彭桓武、朱光亚……今天又轮到了自己，他深深感到这副担子太重了。然而，他从所长那期待和信任的目光中，得到了鼓励，增强了勇气和信心。

钱三强指着放在办公桌上的一个容器，深情地说："你看，这是我从法国带回来的一点放射性废渣原料，留了十几年了，一直舍不得用。现在交给你，盼望你们快点搞出来！"

从居里实验室带回来又珍藏了十多年的放射源，这是多么珍贵啊！老一辈科学家的爱国之心，深深地激励着这个年轻人，他像战士接过上级授予的钢枪一样，双手提起了那沉甸甸的容器。

王方定是一个好样的青年，他没有辜负钱副部长的期望。在远离北京的实验室里，他和他的伙伴们，在老科学家的具体指点下，把个人生命安危置之度外，终于以数百次的化学实验，赢来了最后的成功。

他们为我国第一颗原子弹的研制攻下了又一个难关。

1960年，当我国第一颗原子弹的科技攻关、工程设

计进入高潮时,钱三强非常有预见地提前部署了氢弹的研制工作。

按照周总理既抓原子弹、又抓氢弹的要求,钱三强适时组织力量,开始了对氢弹原理的探索。在他的直接领导下,研究所成立了"轻核反应装置理论探索组"和"轻核反应堆组",先后分别由黄祖洽、于敏、洪润生等几十位理论物理、数学和实验物理方面的业务骨干组成。在四年多的时间里,他们卓有成效地开展了三个方面的工作:

其一,对氢弹中各种物理过程进行了探索和研究;其二,对氢弹作用原理和结构进行了探索和研究;其三,对轻核反应截面数据,进行了调研,并做了一些实验准备和测定工作。

这两个组提出的科学设想,有关方程和数据,为氢弹在科学技术上的突破,起到了探路作用。

1964年10月16日这一天,在我国核物理学家的记忆中,是个难忘的日子。这天下午,当时钟走到2时45分时,核工业部部长刘杰几乎是用颤抖的声音,对钱三强说:"三强同志,再过一刻钟我们放的那个'炮仗'就要响了,你看还有万分之几的可能不响?"

钱三强听了,眼里噙着热泪,十分激动地说:"会成功的,会成功的!"

当时，在场的每个人都在盯着电话机。

刘杰、钱三强屏住呼吸苦苦等了一刻钟，突然，电话铃响了。

那是从遥远的罗布泊传来的捷报："啊，响啦，响啦！"

人们欢呼着，雀跃着，哭泣着。

原子弹的头号功臣钱三强眼角上挂着晶莹的泪花，自言自语地说："我们的'59·6'争气弹终于成功了！"

1964年10月16日下午3时。随着一声"起爆"的命令，一颗猩红色的小太阳从西北大漠荒原冉冉升起，直冲云天。

一声惊雷过后，那连天大漠又一次波动了，托出了一团鲜活的美妙无比的蘑菇状云团，那燃烧的云团在共和国的西天翻腾着，舒卷着，构成了一座壮观的奇峰。新华社奉命向全世界发布新闻公报：

> 1964年10月16日15时（北京时间），中国在本国西部地区爆炸了一颗原子弹，成功地进行了第一次核试验……

中国的第一颗原子弹爆炸成功了！随着一声天崩地裂般的轰鸣，一阵无坚不摧的冲击波，如惊雷一般地卷动着沙浪，冲击着整个地球。

这一天，当是炎黄子孙普天同庆的节日，这一夜，全中国像过狂欢节，到处是沸腾的人群。

中国人取得如此杰出的成就，怎能不欢欣鼓舞，怎能不兴高采烈呢？

喜讯传到周总理那里，周总理惊喜得好几秒说不出话来。

当周总理向毛泽东主席报告"成功了"的喜讯时，毛主席向烟灰缸弹一弹烟灰，说了两个字："极好！"

陈毅副总理获悉原子弹爆炸成功的消息后，喜悦异常地给聂荣臻拨通了电话，说："请客，请客！要请我们的科学家喝三大碗酒！"

当晚，在核爆炸现场拍摄的纪录专题片空运到北京。周总理尽管已经连续24小时没有休息了，仍然立即组织有关人员审看影片。

当银幕上映出那一朵似鲜花盛开的蘑菇云时，周总理带头鼓起掌来。放映结束后，他风趣地说道："毛主席讲，我们应该给赫鲁晓夫发一个一吨重的大勋章，感谢他促使我们搞出了自己的原子弹。可惜，这枚勋章赫鲁晓夫戴不上了，他下台了。"

影片的动人情景，已经使得在场的人激动不已，周总理的一席话，更引起一片热烈的笑声和掌声。

才华横溢的郭沫若，当场口占一首幽默风趣的散曲：

小丑下台，应欢送，礼炮轰隆。

原子弹，说爆就爆，其乐无穷。

十年丑史化尘土，

一阵惊雷卷巨风。

笑老苏，大势已去矣，敲丧钟。

忆往昔，来势凶，

众喽啰，瞎起哄。

君不见，人民自古是英雄，

螳臂挡车千钧力，

庄生梦，一场空。

看东方，火炬赤旗舞，万里红。

不久，在全国人大第三届首次会议上，周总理讲了如下一段话："我们能不能自力更生地攀登科学技术高峰，这不仅在国外，而且在国内都是有人怀疑的。但是随着我们第一颗原子弹的爆炸，现在是应该扫清一切自卑感的时候了。"

周总理还谈到我国第一颗原子弹所取得的圆满成功，这其中还包括测试记录仪的记录准确，资料完整。

据资料记载，法国第一次核试验没有数据，美、苏第一次核试验也只获得部分数据。而我们由于在获取数据上准备工作细致、充分，获得的数据完整而准确。这些数据充分证明，试验是完全成功的。

更可喜的是，美、苏的第一颗原子弹是钚弹，而我们则是比上述强国都超前的铀弹。

1965年7月16日，当美国核科学家测出了我国第一颗原子弹的威力比他们预计的大二十倍时，他们被制造的死神武器吓得战栗了。

当年，由于苏联对日宣战，随即出兵中国东北，日本侵略军在中国各战场全线溃败，日本政府已传出了投降的意向。

然而，杜鲁门政府却要竭力使日本人"丢尽脸"后再投降——因为美国当局要为珍珠港事件雪耻，要为在冲绳岛战役中死亡的美国将士复仇。所以，便发生了日本广岛、长崎两市二十多万无辜市民死于原子弹爆炸的悲剧。

历史还应提醒约翰逊总统的是，他的前任杜鲁门、艾森豪威尔曾几次扬言，要在中国制造"广岛事件"。

约翰逊为了充分展现美国当局"核霸主"的本性，于当年12月26日从关岛基地派出装有16枚核导弹的"丹尼尔·布思"号潜艇到亚洲大陆沿岸的海面示威。不久，又派出另一艘核潜艇到西太平洋游弋，炫耀武力。

中国人民向来不惧强暴。12月29日，中国政府立即

还以颜色,尖锐地揭露了美国当局的核战阴谋:

中国成功地爆炸了第一颗原子弹,打破了美帝国主义的核垄断,鼓舞了全世界一切反对帝国主义侵略的革命人民的斗志。很明显,美国在这个时候派出北极星导弹核潜艇到西太平洋地区,是为了威胁中国,同时也是为了稳住它在亚洲的侵略阵地。

如果美国以为派出几艘核潜艇,摆出一些核武器,就能把我们吓倒,那是徒劳的……

是的,中国没有原子弹时,尚且不怕美国杜鲁门政府和艾森豪威尔政府多次发出的核威胁,而今,就更无所畏惧了。这充分表现了中华民族的大无畏气概!

美籍华人作家赵浩生,当听到中国第一颗原子弹爆炸的消息后,眼含热泪,挥笔写道:

当中国第一颗原子弹试爆成功的新闻传到海外时,中国人的惊喜和自豪是无法形容的。在海外中国人的眼里,那菌状爆炸云是中华民族精神的花朵。那从报纸、广播中传出的新闻,是用彩笔写在万里云天的万金家书。

中华爱国人物故事

ZHONGHUA AIGUO RENWU GUSHI